Guide de conversation français-espagnol

M. Villette

D1340960

M.A. Editions

© M.A. Éditions - Paris 1990

Mise en page : C. et J.-B. Dumeril
I.S.B.N. : 2.86.676.594.X

Transcription phonétique

En espagnol toutes les lettres doivent être prononcées y compris la dernière lettre de chaque mot.

Voyelles

a. se prononce comme en français

e. se prononce généralement **é eso é**sso

i. se prononce comme en français

o. est toujours ouvert comme dans **os como ko**mo

u. se prononce toujours **ou cubo kou**bo

y. se prononce comme en français **ya ya**

Consonnes

b. et *v.* se prononcent presque de la même façon et se rapprochent tous deux du **b** français. Toutefois, le b en début de mot est un peu plus dur que le v.

buey boueï

vaca vaka

c. se prononce devant e ou i comme le th anglais (z) - **cielo (z)**iélo
se prononce devant a, o, u comme k - **cama ka**ma

ch. se prononce **tch chico tchi**co

d. se prononce comme en français

f. se prononce comme en français

g. a le même son dur qu'en français devant a, o, u ainsi que dans le groupe gue, gui - **goma go**ma **Miguel** Miguel
il garde cette prononciation devant un n **ignoran**te **ig**hnorante
il se prononce devant le e et le i avec un raclement de gorge comme dans le r de croupe **gitano R**itano: il a le son guttural du j espagnol.

h. n'est jamais aspiré **hielo ié**lo

j. appelé jota se prononce toujours comme le r de croupe **jota Ro**ta

k. se prononce comme en français

l. se prononce comme en français

ll. se prononce **ly** comme dans million **llama lya**ma

m. se prononce comme en français

n. se prononce comme en français

ñ. se prononce comme le **gn** d'oignon **niño ni**gno

p. se prononce comme en français

q. est toujours suivi du u comme en français; il ne s'emploie que devant e et i et se prononce **k Quito ki**to

r. se prononce comme un r qui vibrerait **rio** et **rr** ont plusieurs vibrations au lieu d'une

s. se prononce toujours comme **ss beso bé**sso

t. se prononce comme en français

x. se prononce comme **cs examen** ecsamen

z. se prononce comme le th anglais **(z) zarzuela** (z)ar**(z)oué**la

Diphtongues

Une diphtongue est formée par la réunion d'une voyelle forte a, e, o, et d'une faible, i, u, y, prononcées d'une seule émission de voix c'est-à-dire ne formant qu'une seule syllabe, chaque voyelle conservant sa prononciation. La forte est prononcée avec plus d'intensité que la faible. Ainsi **ai** se prononce **aï, au** comme **aou, ue** comme **oué** etc.

Accentuation

L'accent, fortement marqué en espagnol, sert à indiquer quelle est la syllabe tonique d'un mot. Nous avons utilisé des caractères gras dans notre transcription phonétique pour marquer la syllabe tonique. Il faut distinguer trois cas:

Les mots terminés par une voyelle (ou une diphtongue) sont accentués sur l'avant-dernière syllabe. Le N ou S final en changent pas.
ventana (ven**ta**na)   canta (**kann**ta)   sombrero (somm**bré**ro)

Les mots terminés par une consonne autre que N ou S sont accentués sur la dernière syllabe:
pastel (pas**tel**)   pared (pa**red**)   profesor (profe**ssor**)

Les mots qui n'obéissent pas aux règles précédentes portent l'accent écrit:
jabali ((Raba**li**)   árbol (**ar**bol)

Les mots accentués sur l'avant-dernière syllabe portent toujours l'accent écrit:
pájaro (**pa**Raro)   médico (**mé**diko)

Politesse

| Bonjour (le matin) | Buenos dias | **bouén**os **dias** |
| (l'après-midi et le soir) | Buenas tardes | **bouén**as **tardes** |

* En Espagne, on dit buenas tardes à partir de 14 h et buenas noches à partir du coucher du soleil.

Bonne nuit	Buenas noches	**bouén**as **notch**ès
Salut! (fam.)	¡Hola!	**ola!**
Au revoir (adieu)	Adiós	**adios**
A tout à l'heure	Hasta luego	**asta louég**o
A bientôt	Hasta pronto	**asta pronn**to
A demain	Hasta mañana	**asta magnana**
Oui	Sí	**sí**
Non	No	**no**
Peut-être	Quizás	**ki**θ**as**
Certainement	Por supuesto	**por** soupou**esto**
Merci	Gracias	**gra**θ**ias**
Merci beaucoup	Muchas gracias	**mout**chas **gra**θ**ias**
Merci mille fois	Muchísimas gracias	mout**chissimas gra**θ**ias**
Il n'y a pas de quoi	No hay de qué	no **aï** dé **ké**
De rien	De nada	dé **nada**
A votre service	Para servirle	**para** servir**lé**
S'il vous plaît	Por favor	por **favor**
Entrez! (je vous prie)	¡Pase! (por favor)	**passé!** (por fa**vor)**
Montez donc (en voiture)	Suba al coche	**souba** al **kot**ché
Asseyez-vous donc	Siéntese por favor	**sienn**tés**sé** por fa**vor**
Puis-je vous présenter	Permita que le presente	per**mita ké** lé **préssenté**
.Mme Dupont?	.a la Señora Dupont	.a la **ségnora Dupont**
.Mlle Sanchez?	.a la Señorita Sánchez	.a la segno**rita Sant**che
.M. Muñoz?	.al Señor Muñoz	.al **Ségnor Mugno**
Voici...	Aqui está (plur. están)	a**ki esta** (es**tann)**
.M., Mme, Mlle	.el Sr, la Sra, la Srita	.el **ségnor,** la **ségnora,** la **ségnorita**
.Juan, Jacques etc.	.Juan, Jacques etc.	.**Rouann,** Jacques etc.
Présentez-moi (S.V.P.)	Presénteme por favor	**préssent**émé por fa**vor**
Nous n'avons pas été présentés	No nos han presentado	no nos **ane préssenn**todo
M. Dupont, je suppose?	Supongo que usted es el Señor Dupont	sou**ponn**go **ké** ous**téd èsse** el **ségnor Dupont**

5

Permettez-moi de me présenter	Permita que me presente	*permita ké mé préssenté*
Je suis M. Dupont	Soy el Sr Dupont	*soï el ségnor Dupont*
Je m'appelle Jacques	Me Llamo Jacques	*mé lyamo Jacques*
Comment vous appelez-vous?	¿Cómo se llama usted?	*komo sé lyama oustéd?*
Enchanté de faire votre connaissance	Encantado de conocerle	*ennkanntado dé konoθerlé*
Enchanté	Mucho gusto	*moutcho gousto*
Comment allez-vous?	¿Cómo está usted?	*komo esta oustéd?*
Bien	Bien	*biène*
Très bien, merci	Muy bien, gracias	*moui biène, graθias*
Comme-ci comme ça	Regular	*régoular*
Pas très bien	No muy bien	*no moui biène*
Mal	Mal	*mal*
Et vous?	¿Y usted?	*y oustéd?*
Voulez-vous boire quelque-chose?	¿Quiere usted beber algo?	*kiéré ousted béber algo?*
Buvez quelque chose	Tome algo	*tomé algo*
Volontiers	Con mucho gusto	*konn moutcho gousto*
(Oui) merci	(Sí) gracias	*si graθias*
Non merci	No gracias	*no graθias*
Excusez-moi un instant, je vous prie	Permitame un momento por favor	*permitamé oune momennto por favor*
Pouvez-vous m'aider?	¿Puede usted ayudarme?	*pouédé oustéd ayoudarmé?*
Parlez-vous français?	¿Habla usted francés?	*abla oustéd franθés?*
Parlez lentement S.V.P.	Hable despacio por favor	*ablé despaθio por favor*
Pouvez-vous répéter...	¿Puede usted repetir...	*pouédé oustéd répétir*
.lentement?	.despacio?	*.despaθio?*
.encore?	.otra vez?	*.otra veθ?*
Je ne parle pas espagnol	No hablo Español	*no ablo espagnol*
Je parle espagnol...	Hablo Español	*ablo espagnol*
.mal	.mal	*.mal*
.un peu	.un poquito	*.oune pokito*
.seulement un petit peu	.sólo un poquito	*.solo oune pokito*
Je ne comprends pas	No entiendo	*no entienndo*

Immigration et douane

Voici...	Aqui tiene	*aqui tiéné*
.mon passeport	.mi pasaporte	*.mi passaporté*
.ma carte d'identité	.mi carné de identidad	*.mi karné dé idenntidad*
Je suis...	Soy	*soï*
.Français(e)	.Francés(a)	*.franθès(a)*
.Belge	.Belga	*.belga*
.Suisse	.Suizo(a)	*.souïθo(a)*
Je compte rester En Espagne...	Pienso quedarme en España...	*piennso kédarmé ène Espagna...*
.2 jours	.dos días	*.dos dias*
.3 semaines	.tres semanas	*.tres sémanas*
.1 mois	.un mes	*.oune messe*
Je repars ce soir	Me voy esta tarde	*mé voï esta tardé*
Je suis seulement en transit	Estoy sólo de paso	*estoï solo dé paso*
Je viens...	Vengo...	*venngo...*
.pour affaires	.por negocios	*.por négoθios*
.en touriste	.de turista	*.dé tourista*
Je vais résider	Voy a estar	*voï a estar*
.à l'hôtel	.en un hotel	*.èn oun otel*
.chez des amis	.en casa de unos amigos	*.ène kassa dé ounos amigos*
.à Madrid	.en Madrid	*.ène Madrid*
Je ne sais pas encore	Todavia no lo sé	*todavia no lo sé*
Je n'ai pas de bagages	No tengo equipaje	*no tenngo ékipaRé*
Je n'ai rien à déclarer	No tengo nada que declarar	*no tenngo nada ké déclarar*
J'ai...	Tengo...	*tenngo...*
.un sac	.un bolso	*.oune bolsso*
.deux valises (malles)	.dos maletas (baúles)	*.dos malétas (baoulés)*
.un bagage à main	.un bolso de mano	*.oune bolsso dé mano*
J'ai quelque chose à déclarer	Tengo algo que declarar	*tenngo algo ké déklarar*
J'ai...	Tengo...	*tenngo*
.des cigarettes	.cigarrillos	*.θigarrilyos*
.une cartouche de cigarettes	.un cartón de cigarrillos	*.oune karton dé θigarrilyos*
.une boîte de cigares	.una caja de puros	*.ouna kaRa dé pouros*
.une bouteille de vin français	.una botella de vino francés	*.ouna botelya dé vino franθès*
.une bouteille d'alcool	.una botella de alcohol	*.ouna botelya dé alkol*

7

.du tabac	.tabaco	.*tabako*
.du parfum	.perfume	.*perfoumé*
C'est à moi	Es mio	*èsse mio*
Ce n'est pas à moi	No es mio	*no èsse mio*
C'est un cadeau	Es un regalo	*èsse oune régalo*
C'est un souvenir	Es un recuerdo	*èsse oune récouerdo*
Ce n'est pas neuf	No es nuevo	*no èsse nouévo*
Ce sont seulement mes affaires personnelles	Son solamente objetos personales	*sone solaménté obRetos perssonnalès*
Y a-t-il une taxe?	¿Hay que pagar un impuesto?	*ai ké pagar oune immpouesto?*
Combien dois-je payer?	¿Cúanto tengo que pagar?	*kouannto tenngo ké pagar?*

Comprendre

Policía de fronteras	Police des frontières
Ciudadanos Españoles	Citoyens espagnols
Extranjeros	Etrangers
Entrega de equipaje	Récupération des bagages
Nada que declarar	Rien à déclarer
Artículos para declarar	Quelque chose à déclarer
Aduana	Douane
Prohibido	Interdit, prohibé

¿Puede enseñarme su pasaporte?	*pouédé ennsségnarmé sou passaporté?*	Puis-je voir votre passeport?
¿Cúal es su nacionalidad?	*koual èsse sous naθionalidad?*	Quelle est votre nationalité?
¿Cúal es el motivo de su visita?	*koual èsse el motivo dé sou vissita?*	Quel est le motif de votre visite?
¿Cúanto tiempo va a quedarse?	*kouannto tiempo va a kédarse?*	Combien de temps restez-vous?
¿Dónde va a alojarse	*donndé va a aloRarrsé?*	Où logerez-vous?
Llene esta ficha	*lyéné esta fitcha*	Remplissez cette fiche
¿Tiene usted algo que declarar?	*tiéné oustéd algo ké déklarar?*	Avez-vous quelque chose à déclarer?
Abra esta maleta	*abra esta maléta*	Ouvrez cette valise
¿Qué es eso?	*ké èsse ésso?*	Qu'est-ce que c'est?
Está prohibido	*esta prohibido*	C'est interdit

8

Se déplacer en ville (en métro, bus ou taxi)

Où est...
- .la station de métro
- .la station de bus
- .la station de taxis
- .la plus proche?

Je vais à...
Où dois-je descendre?
Comment s'appelle...
.la station où je dois descendre?
Combien coûte un billet pour...?

¿Dónde esta...
- .la estación de metro
- .la parada del autobús
- .la parada de taxis
- .más cercana?

Voy a...
¿Dónde tengo que bajar?
¿Cómo se llama...
.la parada donde tengo que bajar?
¿Cúanto cuesta un billete para...?

donndé esta
- .la estaθione dé métro
- .la parada del aoutobous
- .la parada dé taksis
- .mas θerkana?

voï a...
donndé tenngo ké baRar?
komo sé lyama...
.la parada donndé tenngo ké baRar?
kouannto kouesta oune bilyété para...?

Métro

Quelle est la ligne pour aller à...?
La prochaine rame s'arrête-t-elle à...?
Est-ce une rame express?
Combien y a-t-il de stations avant...?

Excusez-moi, je descends ici
Où est le plan du métro?

Metro

¿Cúal es la línea para ir a...?
¿El próximo tren para en...?
¿Es un tren expres?
¿Cúantas estaciones faltan para...?

Con permiso, bajo aquí
¿Dónde está el plano del metro?

koual ésse la linéa para ir a...?
el procsimo trène para ène...?
ésse oune trène ecspréss?
kouanntas estaθiones faltane para...?

kone permisso, baRo aki
donndé esta el plano del métro?

Bus

Avez-vous un plan?

Autobús

¿Tiene usted un plano?

tiéné oustéd oune plano?

Taxi

Pouvez-vous m'appeler un taxi?

Où puis-je trouver un taxi?
Taxi!
Etes-vous libre?
Pouvez-vous me conduire au Banco de Bilbao?

Taxi

¿Puede usted llamarme un taxi?

¿Dónde puedo tomar un taxi?
¡Taxi!
¿Esta libre?
¿Puede usted llevarme al Banco de Bilbao?

pouédé oustéd lyamarmé oune tacsi
donndé pouédo tomar oune tacsi?
tacsi!
esta libré?
pouédé oustéd lyévarmé al Banko dé Bilbao?

9

Je suis pressé(e)	Tengo prisa	*tenngo prissa*
Je suis en retard	Tengo retraso	*tenngo rétrasso*
Arrêtez-vous ici	Párese aquí	*paréssé aki*
Pouvez-vous m'attendre?	¿Puede usted esperarme?	*pouédé oustéd espérarmé*
Combien vous dois-je?	¿Cúanto le debo?	*kouannto lé débo?*

Comprendre le métro

Hacia el sur	*aθia el sour*	Vers le sud
Hacia el norte	*aθia el norté*	Vers le nord
Hacia el este	*aθia el esté*	Vers l'est
Hacia el oeste	*aθia el oesté*	Vers l'ouest
Trasbordo	*trasbordo*	Correspondance
Introduzca una moneda en la ranura	*inntroduθka ouna monéda ène la ranoura*	Mettez une pièce dans la fente
Devolución	*dévolouθion*	Remboursement
Es la próxima parada	*èsse la procsima parada*	C'est la prochaine station
Faltan (dos) paradas	*faltane (dos) paradas*	Encore (deux) stations
Siga las flechas (azules...)	*siga las fletchas (aθules...)*	Suivez les flèches (bleues...)
Hay que hacer el transbordo en...	*aï ké aθer el trasbordo ène...*	Il faut changer à...
Siéntense por favor	*sienntennssé por favor*	Asseyez-vous S.V.P.

Comprendre le bus

Término (parada obligatoria)	Fin de section (arrêt obligatoire)
Avisar al conductor (parada discrecional)	Faire signe au machiniste (arrêt facultatif)
Para pararse, pulsar el timbre	Pour l'arrêt, sonner une fois

Taxi: lire le compteur

Libre	*libré*	Libre
Tarifa	*tarifa*	Prix à payer
Suplemento	*souplémennto*	Supplément

Location de voiture

Je voudrais louer...	Quisiera alquilar...	*kissiéra alkilar...*
J'ai réservé...	Reservé...	*réservé...*
.une voiture (petite, moyenne, grosse, rapide)	.un coche (pequeño, mediano, grande, deportivo)	*.oune kotché (pékégno, médiano, granndé, deportivo)*
Quel est le prix...	¿Cúanto cuesta...	*kouannto kouessta*
.par jour?	.por dia?	*.por dia?*
.par semaine?	.por semana?	*.por sémana?*
.hors saison?	.fuera de temporada?	*.fouéra dé temmporada?*
Le kilométrage est-il illimité?	¿Es ilimitado el kilometraje?	*es ilimitado el kilométraRé?*
Quel est le prix par kilomètre?	¿Cúanto cobran por kilómetro?	*kouannto kobrane por kilométro?*
Faites-vous un forfait...	¿Hace un precio especial...	*aθé oune préθio éspéθial...*
.pour le week-end?	.para el fin de semana?	*.para el fine dé sémana?*
.pour la semaine?	.para la semana?	*.para la sémana?*
Je pense la garder...	Pienso alquilarlo durante...	*piennso alkilarlio dourannté...*
.un (deux) jour(s)	.un (dos) día(s)	*.oune (dos) dia(s)*
.une semaine	.una semana	*.ouna sémana*
L'assurance est-elle comprise?	¿Está incluido el seguro?	*esta innklouido el ségouro?*
Y a-t-il une franchise (une caution)?	¿Hay una franquicia (una fianza)?	*aï ouna frannkiθia (ouna fiannθa)?*
Je veux une assurance tous risques	Quiero un seguro a todo riesgo	*kiéro oune ségouro a todo riesgo*
Je voudrais que...	Me gustaría que...	*mé goustaria ké...*
.ma femme (mon ami(e), mon fils, ma fille...)	.mi esposaa (mi amigo(a), mi hijo, mi hija...)	*.mi espossa (mi amigo(a), mi iRo, mi iRa...)*
.puisse aussi conduire	.pueda conducir tammbién	*.pouéda konndouθir tammbiène*
Je m'appelle...	Me llamo...	*mé lyamo...*
J'ai un permis de conduire français (belge, suisse)	Tengo un carné de conducir francés (belga, suizo)	*tenngo oune karné dé konndouθir frannθés (belga, souiθo)*
Acceptez-vous...	¿Aceptan...	*aθeptane...*
.les cartes de crédit?	.las tarjetas de crédito?	*.las tarRetas dé crédito?*
.les chèques de voyage?	.los cheques de viaje?	*.los tchékés dé viaRé?*
Le plein est-il fait?	¿Está lieno?	*esta lyiéno?*

Station-service

Je voudrais...	Quisiera...	kissiéra...
.de l'essence	.gasolina	.gassolina
.du gas-oil	.gasóleo	.gassoléo
Faites-moi le plein	Llénelo	lyénélo
Donnez-moi...	Déme...	démé...
.vingt litres	.veinte litros	.véinnté litros
.de l'ordinaire	.de normal	.dé normal
.de super	.de super	.dé soupère
Voudriez-vous laver le pare-brise, svp?	¿Podría usted limpiar el parabrisas por favor?	podria oustéd limmpiar el parabrissas por favor?
Voulez-vous vérifier le niveau...	¿Puede usted comprobar el nivel...	pouédé oustéd kommprobar el nivel...
.de l'huile?	.del aceite?	.dél aθéité?
.du lockheed?	.del líquido de frenos?	.del likido dé frénoss?
.de la batterie?	.de la batería?	.dé la batéria?
.de l'eau?	.del agua?	.del agoua?
.d'eau du lave-glace?	.de agua del lavaparabrisas?	.dé agoua del lavaparabrissas?
Je voudrais un bidon d'huile	Quisiera una lata de aceite	kissiéra ouna lata dé aθéité
Faites une vidange, svp	Cámbieme el aceite, por favor	kammbiémé el aθéité, por favor
Voulez-vous vérifier la pression des pneus?	¿Quiere usted verificar la presión de los neumáticos?	kiéré oustéd vérificar la pressione dé los néoumatikos?
1,5 kg à l'avant	1,5 delanteras	ouno cinnko délanntéras
2 kg à l'arrière	2 traseras	dos trasséras
Pouvez-vous changer le balai d'essuie-glace?	¿Puede usted cambiar la escobilla del limpiacristales?	pouede ousted kammbiar la eskobilya del limmpiakristales?
Je voudrais une ampoule pour...	Quisiera une bombilla para...	kissiéra ouna bommbilya para...
.le phare avant	.la luz delantera	.la louθ délanntéra
.les veilleuses	.las luces de posición	.las louθes dé posiθione
.les feux de stop	.las luces de parada	.las louθes dé parada
.cette lumière-ci	.esta luz	.ésta louθ

Sur la route

Comprendre les panneaux

Curvas	Virages
Paso de ganado	Bétail
Desviación	Déviation
Salida	Sortie
Ceda el paso	Cédez le passage
Alto	Stop
Paso a nivel	Passage à niveau
Ceda el paso	Vous allez rencontrer une route prioritaire
Direccíon prohibida	Sens interdit
Aparcamiento prohibido	Stationnement interdit
Dirección única	Sens unique
Despacio	Ralentir
Obras	Travaux
Calzada resbaladiza en caso de lluvia	Chaussée glissante en cas de pluie
Radar	Radar
Encienda las luces	Allumez vos lanternes
Carga máxima	Charge maximum
Sin salida	Sans issue
Prohibido girar a la derecha (a la izquierda)	Défense de tourner à droite (à gauche)
Velocidad limitada	Vitesse limitée

Demander son chemin

Excusez-moi...	Perdóne...	*perdoné...*
Est-ce la route de...?	¿Es ésta la carretera de...?	*ésse ésta la karrétéra dé...?*
Quelle est la route de Madrid?	¿Cúal es la carretera de Madrid?	*koual èsse la karrétéra dé Madrid?*
Combien y a-t-il de kilomètres jusqu'à...?	¿Cúantos kilómetros hay hasta...?	*kouanntos kilométros aï asta...?*
Où sommes-nous?	¿Dónde estamos?	*donndé estamos?*
Quel est le nom de ce village?	¿Cómo se llama este pueblo?	*komo sé lyama èsté pouéblo?*
Pouvez-vous me le montrer sur la carte?	¿Puede usted enseñármelo en el mapa?	*pouédé oustéd ennségnarmélo ène el mapa?*

Comprendre

Tome la primera...(segunda, tercera)	*tomé la priméra... (ségounnda, terθéra)*	Prenez la première... (seconde, troisième)
.carretera a la derecha	*.karrétéra a la dérétcha*	.route à droite
. a la izquierda	*.a la iθkièrda*	.à gauche
Hay que dar media vuelta	*aï ké dar média vouelta*	Il faut faire demi-tour
Después (antes) del semáforo	*despouès (antès) del démaforo*	Après (avant) le feu
Es todo recto	*èsse todo recto*	C'est tout droit
Se equivoca de dirección	*sé ékivoka dé direkθione*	Vous n'êtes pas dans la bonne direction
Es aqui	*èsse aki*	C'est ici

Stationnement

Le stationnement est-il autorisé ici?	¿Se permite aparcar aqui?	*sé permité aparkar aki?*
Combien de temps?	¿Cúanto tiempo?	*kouannto tiemmpo?*
Est-ce que je risque une contravention?	¿Me pueden multar?	*mé pouédéne moultar?*
Est-ce une zone bleue?	¿Es zona azul?	*és θona aθoul?*
Où est la contractuelle?	¿Dónde está el guardia?	*donndé esta el gouardia?*

Comprendre
les indications du parcmètre

Aparcamiento máximo dos horas	Stationnement maximum 2 h
Gratuito los domingos y días festivos	Gratuit le dimanche et les jours fériés
Introduzca las monedas una por una	Glissez les pièces une par une
Tiempo vencido	Temps limite dépassé

14

Panne

Ma voiture est en panne	Mi coche tiene una avería	mi **kot**ché **tié**né ouna avé**ria**
.en panne d'essence	.ya no tiene gasolina	.**ya** no **tié**né gas**solina**
Pouvez-vous la pousser?	¿Puedé empujarlo?	poué**dé emmpouRario**?
Puis-je laisser ma voiture ici?	¿Puedo dejar mi coche aqui?	poué**do déRar** mi **kot**ché a**ki**?
Où y a-t-il un garage?	¿Dónde hay un garaje?	**donn**dé aï oune gara**Ré**?
.une station-service?	.una gasolinera?	.ouna gassoli**néra**?
Pouvez-vous m'emmener au garage?	¿Puede usted llevarme al garaje?	poué**dé ousté**d lyé**varmé** al gara**Ré**?
Ma voiture est à deux kilomètres environ d'ici	Mi coche está a unos dos kilómetros de qui	mi **kot**ché esta a **ounos** dos **kilo**métros dè a**ki**
.sur la route de...	.en la carretera de...	.**ène** la karré**téra** dé...
Pouvez-vous...	¿Puede usted...	poué**dé ousté**d...
.venir la remorquer?	.remolcar mi coche?	.rémol**kar** mi **kot**ché?
.envoyer quelqu'un?	.mandar a alguien?	.mann**dar** a al**guié**ne?
Le moteur cale	El motor se cala	el mo**tor sé kala**
.ne démarre pas	.no arranca	.no ar**rran**ka
.a des ratés	.falla	.**fal**ya
.chauffe, fume	.calienta, echa humo	.ka**lienn**ta, **étcha** **ou**mo
Il y a un bruit	Hay un ruido	aï oune **roui**do
Ça sent le brûlé	Huele a quemado	**oué**lé a ké**ma**do
(Ceci) marche	(Esto) funciona	**és**to founn**θiona**
(Cela) ne marche pas	(Eso) no funciona	**és**so no founn**θiona**
Avez-vous trouvé la panne?	¿Ha encontrado la averia?	a ennkonn**tra**do la avé**ria**?
Qu'est-ce que c'est?	¿Qué es?	ké **és**se?
Pouvez-vous réparer?	¿Puede usted arreglarlo?	poué**dé ousté**d ar**réglarlo**?
Aujourd'hui?	¿Hoy?	**oï**?
Avez-vous les pièces nécessaires?	¿Tiene usted las piezas necesarias?	**tié**né ousté**d** las **piéθas néθésarias**?
Pourquoi?	¿Por qué?	por **ké**?
Combien cela va-t-il coûter?	¿Cúanto va a costarme?	**kouann**to va a kos**tarmé**?
.pour... les pièces?	.por... las piezas?	.por... las **pié**(z)as?
.en tout?	.en total?	.**ène total**?

Accident

Français	Español	Prononciation
Etes-vous blessé(e)?	¿Está herido(a)?	*esta érido(a)?*
Y a-til des blessés?	¿Hay algún herido?	*aï algoune érido?*
Je suis blessé(e)	Estoy herido(a)	*estoï érido(a)*
Coupez le contact	Pare el motor	*paré el motor*
Ne bougez pas	No se mueva	*no sé mouéva*
Ne me (le, la, les) bougez pas	No me (le, la, les) mueva	*no mé (lé, la les) mouéva*
Ne vous inquiétez pas	No se preocupe	*no sé préokoupé*
Allez chercher...	Vaya a buscar	*vaya a bouskar...*
Je vais chercher...	Voy a buscar...	*voï a bouskar...*
.un médecin	.a un médico	*.a oune médiko*
.la police	.a la policía	*.a la poliθia*
.une ambulance	.una ambulancia	*.ouna ammboulannθia*
Il y a eu un accident...	Hubo un accidente...	*oubo oune akθidennte...*
.sur la route de...	.en la carretera de...	*.ène la karrétéra dé...*
.au croisement...	.en el cruce...	*.én él krouθé...*
Il y a des blessés	Hay gente herida	*aï Rennté érida*
Il n'y a pas de blessés	No hay heridos	*no aï éridos*
Pouvez-vous...	¿Puede usted...	*pouédé oustéd...*
Puis-je... téléphoner?	¿Puedo... usar su teléfono?	*pouédo... oussar sou téléfono?*
Il n'y a pas de mal	No hay daño	*no aï dagno*
Voulez-vous remplir un constat amiable?	¿Quiere hacer una declaración de accidente?	*kiéré aθer ouna déklaraθione de akθidennté?*
Voici mon...	Aqui está mi...	*aki esta mi...*
Quel est le n° de votre...	¿Cúal es el número de su...	*koual esse el nouméro dé sou...*
.permis de conduire?	.carné de conducir?	*.karné dé konndouθir?*
.attestation d'assurance?	.póliza?	*.poliθa?*
C'est écrit ici	Está escrito aquí	*esta eskrito aki*
Signez ici	Firme aquí	*firmé aki*
Avez-vous vu l'accident?	¿Ha visto el accidente?	*a visto el akθidennte?*
Voulez-vous (je veux) témoigner?	¿Quiere usted (quiero) ser testigo?	*kiéré oustéd (kiéro) ser testigo?*

Les éléments de la voiture

Français	Espagnol	Prononciation
Moteur	Motor	*motor*
Bielle	Biela	*biéla*
Couler une bielle	Fundir una biela	*founndir ouna biéla*
Carter	Cárter	*kartère*
Culbuteur	Balancín	*balannθine*
Cylindres	Cilindros	*θilinndros*
Joint de culasse	Junta de culata	*Rounnta dé koulata*
Piston	Pistón - émbolo	*pistone - emmbolo*
Pompe à essence	Poste de gasolina	*posté dé gassolina*
Segments	Segmentos	*segmenntos*
Soupape	Válvula	*valvoula*
Rodage de soupape	Esmerilado de válvula	*esmérilado dé valvoula*
Tableau de bord	Salpicadero	*salpikadéro*
Allume-cigare	Encendedor eléctrico	*ennθenndédor élektriko*
Avertisseur	Bocina	*boθina*
Antivol	Antirrobo	*anntirrobo*
Boîte à gant	Guantera	*gouanntéra*
Cendrier	Cenicero	*θéniθéro*
Commande...	Mando...	*manndo...*
.des clignotants	.de los intermitentes	*.dé los inntermitenntes*
.des essuie-glaces	.de los limpiaparabrisas	*.dé los limmpiarparabrissas*
.du lave-glace	.del lavaparabrisas	*.del lavaparabrissas*
.du starter	.del estarter	*.del estarter*
Compte-tours	Cuentarrevoluciones	*kouenntarrévo-louθiones*
Contact	Contacto	*konntacto*
Clef de contact	Llave de contacto	*lyavé dé konntacto*
Indicateur de vitesse	Velocímetro	*véloθimétro*
Lampe témoin	Piloto	*piloto*
Montre électrique	Reloj eléctrico	*reloR éléktriko*
Volant	Volante	*volannté*
Carrosserie	Carrocería	*karroθéria*
Aile avant	Aleta delantera	*aléta délanntéra*
.arrière	.trasera	*.trasséra*
.gauche	.izquierda	*.iθkierda*
Capot	Capó	*kapo*
Hayon	Compuerta trasera	*kommpouerta trasséra*
Pare-choc	Parachoques	*paratchokes*
Portière	Puerta	*pouerta*
Serrure (clef)	Cerradura (llave)	*θérradoura (lyavé)*
Pare-brise	Parabrisas	*parabrissas*
Balai d'essuie-glace	Escobilla del limpiacristales	*ésskobilya del limmpiakristales*
Dégivreur	Deshelador	*dèssélador*
Fenêtre	Ventanilla	*venntanilya*
Déflecteur	Deflector	*déflektor*
Roues	Ruedas	*rouédas*

Pneus	Neumáticos	*néoumatikos*
Crevaison	Pinchazo	*pinntcha*θ*o*
Chambre à air	Cámara de aire	*kamara dé airé*
Cric	Gato	*gato*
Manivelle	Manivela	*manivéla*
Ecrou	Tuerca	*touerka*
Alimentation	Alimentación	*alimentta*θ*ione*
Accélérateur	Acelerador	*a*θ*élérador*
Câble d'accélérateur	Cable del acelerador	*kablé dél a*θ*élérador*
Carburateur	Carburador	*karbourador*
Gicleur (bouché)	Chicler (atascado)	*tchiklère (ataskado)*
Réglage du ralenti	Ajuste del ralentí	*aRousté del ralennti*
Filtre à air	Filtro de aíre	*filtro dé airé*
Pompe à essence	Bomba de gasolina	*bommba dé gassolina*
Réservoir	Depósito	*dépossito*
Allumage	Encendido	*enn*θ*enndido*
Bougies	Bujías	*bouRias*
Bobine	Bobina	*bobina*
Vis platinées	Platinos	*platinos*
Boîte de vitesse	Caja de cambios	*kaRa dé kammbios*
Levier de vitesse	Palanca de cambio de velocidades	*palannka dé kammbio dé vélo*θ*idades*
Pignon	Piñón	*pignone*
Direction	Dirección	*direk*θ*ione*
Volant	Volante	*volannté*
Echappement	Escape	*eskapé*
Tuyau d'échappement	Tubo de escape	*toubo dé eskapé*
Embrayage	Embrague	*emmbragué*
Pédale d'embrayage	Pedal del embrague	*pédal dél emmbragué*
Equipement électrique	Equipo eléctrico	*ékipo électriko*
Alternateur	Alternador	*alternador*
Batterie	Batería	*batéria*
Démarreur	Arranque	*arranké*
Freins	Frenos	*frénos*
Pédale de frein	Pedal de freno	*pédal de fréno*
Frein à...	Freno de...	*fréno dé...*
.disque	.disco	*.disko*
.main	.mano	*.mano*
.tambour	.tambor	*.tammbor*
Plaquette de frein	Chapa de freno	*tchapa dé fréno*
Etanchéité du circuit	Estanquedad del circuito	*estannkédad del* θ*irko.*
Pont arrière	Puente trasero	*pouennté trasséro*
Différentiel	Diferencial	*diférenn*θ*ial*
Refroidissement	Refrigeración	*réfriRéra*θ*ione*
Pompe à eau	Bomba de agua	*bommba dé agoua*
Radiateur	Radiador	*radiador*
Ventilateur	Ventilador	*venntilador*
Courroie de ventilateur	Correa del ventilador	*korréa del venntilador*
Suspension	Suspensión	*souspennsione*
Amortisseurs	Amortiguadores	*amortiguadores*

Train avant	Tren delantero	**trène** délann**téro**
Réglage du parallélisme	Reglaje del paralelismo	**régla**Ré del paralélismo
Réparation	Reparación	répara**θione**
Outil	Herramienta	érra**mien**ta
Clé...	Llave...	**ly**avé
.anglaise	.inglesa	.inng**léssa**
.à molette	.ajustable	.aRous**tablé**
Pince	Pinza	**pinn**θa
Marteau	Martillo	martilyo
Vis	Tornillo	tornilyo
Boulon	Perno	**perno**
Ecrou	Tuerca	**toue**rka
Fil de fer	Alambre	alammbré
Pièces de rechange	Piezas de recamblio	**pié**θas dé ré**kamm**bio
Un mécanicien	Un mecánico	oune mé**ka**niko
La main-d'oeuvre	La mano de obra	la **ma**no dé **o**bra

A la gare

Pouvez-vous m'indiquez où se trouve...	¿Puede usted indicarme dónde está...	**poué**dé ous**téd** inndi**kar**mé **donnd**é esta...
.le bureau de renseignements?	.la oficina de información?	.la ofiθina dé innforma**θione?**
.le quai n°...?	.el andén n°...?	.el an**dé**ne nou**méro?**...
.la salle d'attente?	.la sala de espera?	.la **sa**la dé es**pé**ra?
.le buffet?	.el buffet?	.el **bouffet?**
.la consigne?	.la consigna?	.la konn**ssi**gna?
.le kiosque à journaux?	.el puesto de periódicos?	.el **poue**sto dé **pé**riodikos?
.le contrôleur?	.el revisor?	.el révi**ssor?**
.le bureau des objets trouvés?	.la oficina de objetos perdidos?	.la ofi**θi**na dé ob**Ré**tos perdidos?
Où se trouvent les chariots à bagages?	¿Dónde están los carritos para el equipaje?	**donnd**é es**ta**ne los **kar**ritos para el éki**pa**Ré?
Où sont les toilettes?	¿Dónde están los servicios?	**donnd**é **es**tane los servi**θi**os?
A quelle heure part le prochain train pour...?	¿A qué hora sale el próximo tren para...?	a ké **o**ra sa**lé** el **proc**simo **trène** para...?
Sur quel quai?	¿En qué andén?	éne ké ann**dène?**
Je voudrais...	Quisiera...	kiss**ié**ra...
Donnez-moi...	Déme...	**dé**mé...
Combien coûte...	¿Cúanto cuesta...	**kouann**to **koues**ta ...
.un aller simple?	.un billete de ida?	.oune bil**yé**té dé ida?
.un aller retour?	.un billete de ida y vuelta?	.oune bil**yé**té dé i**da** i **voue**lta?

19

•pour Madrid?	•para Madrid?	•para Madrid?
•en 1re classe?	•de primera clase?	•dé priméra klassé?
•en 2e classe?	•de segunda clase?	•dé ségounnda klassé?
•une couchette?	•una litera?	•ouna litéra?
•en haut?	•arriba?	•arriba?
•en bas?	•abajo?	•abaRro?
•un wagon-lit?	•un coche cama?	•oune kotché kama?
•une place assise?	•un asiento?	•oune assiento?
•un coin couloir?	•junto al pasillo?	•Rounto al passilyo?
•un coin fenêtre?	•junto a la ventana?	•Rounto a la vénntana?
•dans le sens de la marche?	•en el sentido de la marcha?	•ène el senntido dé la martcha?
•dans un compartiment fumeur?	•en un compartimiento para fumadores?	•ène oune kommpartimiennto para foumadorès?
•dans un compartiment non fumeur?	•en un compartimiento para no fumadores?	•ène oune kommpartimiennto para no foumadorès
Est-ce un train direct?	¿Es un tren directo?	èsse oune trène direkto?
Y a-t-il un tarif réduit pour les enfants?	¿Hacen un descuento para los niños?	aθène oune deskouennto para los nignos?
Je reviendrai...	Volveré...	volvéré...
•ce soir (demain, lundi prochain, etc.)	•esta noche (mañana, el lunes próximo, etc.)	•esta notché (magnana, el lunès procsimo, etc.)
Y a-t-il une consigne automatique?	¿Hay una consigna automática?	aï ouna konnssighna aoutomatika?
Je voudrais déposer (retirer) mon sac, ma valise	Quisiera dejar (recoger) mi bolso, mi maleta	kissiéra déRar (rékoRer) mi bolssol, mi maléta
Je voudrais enre- gistrer cette malle	Quisiera facturar esta maleta	kissiéra faktourar esta maléta
•cette bicyclette	•esta bicicleta	•esta biθikléta
J'ai raté mon train	He perdido el trén	é perdido el trène
Y a-t-il un autre train pour...?	¿Sale otro trèn para...?	salé otro trène para...?
Aujourd'hui?	¿Hoy?	oï?
Demain?	¿Mañana?	magnana?
A quelle heure?	¿A qué hora?	a ké ora?
Porteur!	¡Mozo!	moθo!
Pouvez-vous porter mes bagages, svp?	¿Puede usted llevar mi equipaje por favor?	pouédé oustéd lyévar mi ékipaRé por favor?

Posez-le ici, merci	Póngalo aqui, gracias	*ponngalo aki, graθias*
Sur quel quai...	¿En qué andén...	*ène ké anndene*
.arrive le train venant de Alicante?	.llega el trén procedente de Alicante?	*.lyéga et **trène** proθé**denn**té dé Ali**kann**té?*
Y a-t-il du retard?	¿No lleva retraso?	*no lyéva rétrasso?*

Comprendre

¡Al trén!	*al **trène**!*	En voiture!
Cuesta 180 pesetas	*kouesta θiénto otchénta péssetas*	Cela fait 180 pesetas
Punto de encuentro	*pounnto dé ennkouenntro*	Point de rendez-vous

En train

Cette place est-elle libre?	¿Está libre este asiento?	*esta libré esté assiennto?*
Cette place est-elle occupée?	¿Está occupado este asiento?	*esta okoupado esté assiennto?*
Cette place est libre	Este asiento está libre	*esté assiennto esta libré*
Excusez-moi	Perdóneme	*perdonémé*
C'est ma place	Este asiento es mío	*esté assiennto èsse mio*
J'ai réservé cette place	He reservado este asiento	*é résservado esté assiento*
Quelle est ma couchette?	¿Cual es mi litera?	*koual èsse mi litéra?*
Voici mon billet	Aquí tiene mi billete	*aki tiéné mi bilyété*
Pouvez-vous m'aider...	¿Puede usted ayudarme...	*pouédé oustéd ayoudarmé...*
Puis-je vous aider...	¿Puedo ayudarle...	*pouédo ayoudarlé...*
.à mettre cette valise (ce sac) dans le filet?	.a poner esta maleta (este bolso) en el portaequipaje?	*.a poner esta maléta (esté bolsso) ène el portaékipaRé?*
.à ouvrir...	.a abrir...	*.a abrir...*
.à fermer...	.a cerrar...	*.a θérrar...*
.la fenêtre?	.la ventanilla?	*.la venntanilya?*
.la porte?	.la puerta?	*.la pouerta?*
Puis-je fumer?	¿Puedo fumar?	*pouédo foumar?*

Où est...	¿Dónde está...	donndé esta...
.le wagon restaurant?	.el coche restaurante?	.el kotché restaourannté?
.le contrôleur?	.el revisor?	.el révissor?
Vers l'avant...	En la parte delantera...	ène la parté délanntéra...
Vers le milieu...	En el centro...	ène le θenntro...
Vers l'arrière...	En la parte trasera...	ène la parté trasséra...
.du train	.del tren	.del trène
Je vais à...	Voy a...	voï a...
Pouvez-vous me prévenir...	¿Puede usted avisarme...	pouédé oustéd avissarmé...
Pouvez-vous me réveiller...	¿Puede usted despertarme...	pouédé oustéd despertarmé...
.quand nous arriverons?	.cuando lleguemos?	.kouanndo lyéguémos?
A quelle heure arrive-t-on à...?	¿A qué hora llegamos a...?	a ké ora lyégamos a...?

Comprendre

Está prohibido asomarse a la ventana	esta proibido assomarssé a la venntana	Ne pas se pencher par la fenêtre
Timbre de alarma	timmbré dé alarma	Signal d'alarme
Su billete por favor	sou bilyété por favor	Votre billet, svp
Es la próxima parada	èsse la procsima parada	C'est le prochain arrêt
Tiene que bajar en...	tiéné ké barar ène...	Vous devez descendre à...
Tiene que cambiar en...	tiéné ké kammbiar ène...	Vous devez changer à...

22

En bateau

Quand...	¿Cúando...	*kouann*do...
A quelle heure...	¿A qué hora...	*a ké ora...*
.part le bateau pour Cadiz?	.sale el barco para Cádiz?	*.salé el barko para kadiθ?*
.le car-ferry?	.el transbordador?	*.el trannsbordador?*
.l'hydroglisseur?	.el hidroplano?	*.el idroplano?*
.l'aéroglisseur?	.el aerodeslizador?	*.el aérodessliθador?*
Où est la gare maritime?	¿Dónde está la estación marítima?	*donndé esta la estaθione maritima?*
Je voudrais...	Quisera...	*kissiéra...*
.un billet de pont	.un billete de puente	*.oune bilyété dé pouennté*
.une chaise longue	.una tumbona	*.ouna toummbona*
.une cabine	.un camarote	*.oune kamaroté*
.une couchette	.una litera	*.ouna litéra*
.dans une cabine à une (deux, trois) place(s)	.en un camarote para una (dos, tres) persona(s)	*.enn oune kamaroté para ouna (dos, tres) perssona(s)*
.avec une douche	.con ducha	*.kone doutcha*
Combien de temps dure la traversée?	¿Cúanto tiempo dura la travesia?	*kouannto tiemmpo doura la travéssiia?*
La mer est-elle calme?	¿Está tranquilo el mar?	*esta trannkilo el mar?*
Est-ce une traversée de nuit (de jour)?	¿Es un viaje de noche (de dia)?	*èsse oune viaRé de notché (dé dia)?*
Où est (sont)...	¿Dónde está (están)...	*donndé esta (estane)...*
le bar?	.el bar?	*.el bar?*
.la cafétéria?	.la cafetería?	*.la kafétéria?*
.le restaurant?	.el restaurante?	*.el restaouranté?*
.les boutiques hors taxe?	.las tiendas libres de impuesto?	*.las tienndas libres dé immpouesto?*
.le commissaire de bord?	.el capitán?	*.el kapitane?*
.le bureau de change?	.la oficina de cambio?	*.la ofiθina dé kammbio?*

Comprendre

Bote salvavidas	Canot de sauvetage
Chaleco salvavidas	Gilet de sauvetage

En autocar

Pouvez-vous m'indiquer où se trouve la gare routière?	¿Puede usted indicarme dónde está la estación de autobuses?	*pouédé ousted indikarmé* **donn**dé *esta* la *esta*θ*ione* dé *auto***bous**sés?
Où puis-je prendre...?	¿Dónde puedo tomar...?	**donn**dé **pouédo** *tomar...?*
Y a-t-il...	¿Hay...	*aï...*
.un car pour...?	.un autobús para...?	.*oune aouto***bous** *para...?*
A quelle heure part...	¿A qué hora sale...	*a ké ora salé...*
.le car pour...?	.el autobús para...?	.*el aouto***bous** *para...?*
.le premier (dernier, prochain) car pour...?	.el primer (último, próximo)autobús para...?	.*el pri***mère** *(oultimo, procsimo) aouto***bous** *para...?*
.le car suivant?	.el autobús siguiente?	.*el aouto***bous** *siguienn***té**?
Y a-t-il un car direct?	¿Hay un autobús directo?	*aï oune aouto***bous** *direk***to**?
Faut-il changer?	¿Hay que cambiar?	*aï ké kamm***biar**?
Où faut-il changer?	¿Dónde tengo que cambiar?	**donn**dé *tenngo ké kamm***biar**?
A quelle heure...	¿A qué hora...	*a ké ora...*
.dois-je changer?	.tengo que cambiar?	.*tenn*go ké *kamm***biar**?
.arrive le car venant de...?	.llega el autobús procedente de...?	.**lyé**ga el aouto**bous** *pro*θ*é***denn**té dé...?
Pourrez-vous me prévenir quand nous arriverons à...?	¿Podrá avisarme cuando lleguemos a...?	*podra avis***sarmé kouann**do *lyé***gué**mos a...?
Avez-vous...	¿Tiene usted...	*tiéné ous***téd**...
Donnez-moi...	Déme...	**dé**mé...
.un plan du réseau...	.un mapa de carreteras	.*oune* **mapa** *dé karré***té**ras
.un horaire des cars	.un horario de autobúses	.*oune orario dé aouto***bous**ses
.un billet pour...	.un billete para...	.*oune bi***lyé**té *para...*
.un aller pour...	.un billete de ida para...	.*oune bi***lyé**té *dé ida para...*
.un aller-retour	.un billete de ida y vuelta	.*oune bi***lyé**té *dé ida i* **vouel**ta
.une place à l'avant (l'arrière)	.un asiento en la parte delantera (trasera)	.*oune as***sienn**nto *ène* la *par***té** *délann***té**ra (*trass***é**ra)

A l'aéroport

Où est...	¡Dónde está...	*donnndé esta...*
.l'aéroport?	.el aeropuerto?	*.el aéropouerto?*
.l'aérogare?	.la estación terminal?	*.la estaθione terminal?*
.le satellite d'embarquement?	.la sala de embarque?	*.la sala dé emmbarké?*
.le comptoir d'enregistrement des bagages?	.dónde se factura el equipaje?	*.donnndé sé faktoura el ékipaRé?*
Voici mon billet	Aquí tiene mi billete	*aki tiéné mi bilyété*
Voici mes bagages	Aquí está mi equipaje	*aki esta mi ékipaRé*
Je n'ai pas de b.	No tengo equipaje	*no tenngo ékipaRé*
Je voudrais garder ce sac avec moi	Quisiera quedarme con este bolso	*kissiéra kédarmé kone esté bolsso*
Je voudrais un	Quisiera un	*kissiéra oune*
.siège à l'avant	.asiento en la parte delantera	*.assiennto ène la parté délanntéra*
.à l'arrière	.en la parte trasera	*.ène la parté trasséra*
.au milieu	.en el centro	*.ène el θenntro*
.près d'un hublot	.junto a una ventanilla	*.Rounto a ouna venntanilya*
.loin des ailes	.lejos de las alas	*.léRos dé las alas*
.près du couloir	.junto al pasillo	*.Rounto al passilyo*
.dans une zone fumeur	.en una zona para fumadores	*.ène ouna θona para foumadores*
A quelle heure a lieu l'embarquement?	¿A qué hora se tiene que embarcar?	*a ké ora sé tiéné ké emmbarkar?*
Où sont les boutiques hors taxe?	¿Dónde están las tiendas libres de impuesto?	*donnndé estane las tienndas librés dé immpouesto?*
Est-ce que j'ai le temps?	¿Tengo tiempo?	*tenngo tiemmpo?*
Voici ma carte d'embarquement	Aquí tiene mi tarjeta de embarque	*aki tiéné mi tarRéta dé emmbarké*
J'ai raté mon avion	He perdido el avión	*è perdido el avione*
A quelle heure est le prochain vol?	¿A qué hora es el próximo vuelo?	*a ké ora èsse el procsimo vouélo?*
Y a-t-il de la place?	¿Hay sitio?	*aï sitio?*
Pouvez-vous changer ma réservation?	¿Puede usted cambiarme la reservación?	*pouédé oustéd kammbiarmé la résservaθione?*
J'ai un excédent de bagages	Tengo un exceso de equipaje	*tenngo oune ecsesso dé ékipaRé*
Dois-je payer?	¿Tengo que pagar?	*tenngo ké pagar?*
Combien?	¿Cúanto?	*kouannto?*

Comprendre

Liegadas	*lyégadas*	Arrivées
Salidas	*salidas*	Départs
Vuelo 201 para Madrid	**vou**élo dos**θ**ienntos **ou**no para Ma**dr**id	Vol 201 pour Madrid
Puerta número 3	**pouer**ta **nou**méro très	Porte numéro 3
Embarque inmediato	emm**baké** inn**mé**di**ato**	Embarquement immédiat
Vuelo con retraso	**vou**élo con ré**tras**so	Vol retardé
Vuelo cancelado	**vou**élo kann**θé**la**do**	Vol annulé
Abróchese el cinturón	a**brot**ché**ssé** el **θ**innt**our**one	Attachez votre ceinture
Apague el cigarrillo durante...	apa**gué** el **θ**iga**rri**lyo dou**rann**té...	Eteignez votre cigarette pendant...
.el despegue	.el des**pé**gué	.le décollage
.el aterrizaje	.el at**érri**θ**a**Ré	.l'atterrissage
El comandante X y su tripulación tienen el gusto de acogerles a bordo	el koma**nn**da**nn**té X i sou tripoula**θ**ione **tié**nène el **gous**to dé ako**Rer**les a **bor**do	Le commandant X et son équipage sont heureux de vous accueillir à bord
Volaremos a una altura de... metros	vola**ré**mos a ou**na alt**oura dé... **mé**tros	Nous volerons à une altitude de... mètres
Nuesta próxima escala será Barcelona	**noues**tra **proc**sima es**ka**la se**ra** Bar**θé**lona	Notre prochaine escale sera Barcelone
El chaleco salvavidas está debajo de su asiento	el **tcha**leko salva**vi**das esta **dé**ba**R**o dé sou **assien**nto	Votre gilet de sauvetage est sous le siège

Dans l'avion

Servez-vous un repas?	¿Van a servir una comida?	**vane** a ser**vir** ou**na komi**da?
.une collation?	.una merienda?	.ou**na mérien**nda?
Puis-je avoir à boire?	¿Podría darme algo de tomar?	po**dri**a **dar**mé **al**go dé to**mar**?
Je me sens mal	Me siento mal	mé **sien**nto mal
J'ai le mal de l'air	Estoy mareado(a)	es**toï** ma**réa**do(a)
Donnez-moi un autre sac en papier, svp	Déme otra bolsa de papel, por favor	**dé**mé otra **bol**ssa dé pa**pel**, por fa**vor**
J'ai mal à la tête (aux oreilles)	Me duele la cabeza (los oídos)	mé **dou**élé la ka**bé**θa (los **oí**dos)
C'est un trou d'air	Es un pozo de aire	**èsse** oune **po**θo de **aire**
Il n'y a pas de danger	No hay ningún peligro	no aï ninn**goune péli**gro

26

Chercher un logement

Il existe en Espagne de nombreuses possibilités de logement pour tous les âges et toutes les bourses. Toutefois, il est important de faire ses réservations à temps pour avoir l'assurance de trouver une chambre. Les prix varient selon les périodes de l'année à savoir la haute, la moyenne et la basse saison. On distingue plusieurs types de logements:
- les *hoteles*, divisés en cinq catégories;
- les *pensiones*, divisées en trois catégories, jouissent de tout le confort moderne. Elles offrent la pension complète ou la demi-pension. Les meilleures figurent dans la Guía de Hoteles de España;
- les *hostales* sont similaires aux pensions mais possèdent davantage de chambres;
- les *refugios* sont des chalets de montagne ouverts tout l'été;
- les *albergues*, excellents gîtes d'étape situés sur les grands itinéraires touristiques, où l'on ne peut séjourner plus de 48 heures;
- les *pisos amueblados* (meublés) parfaits pour de longs séjours dans les grandes villes. S'adresser à des agences immobilières;
- la *casa de huéspedes* (pension de famille) offre des installations simples et peu onéreuses pour un long séjour. Ambiance très espagnole;
- les *paradores* sont des hôtels de premier ordre installés dans des monuments historiques (palais, châteaux, abbayes...) situés dans un site souvent exceptionnel. Il est conseillé de réserver longtemps à l'avance.

Pouvez-vous m'indiquer...	¿Puede usted indicarme...	*pouédé oustéd inndikarmé...*
.le meilleur hôtel?	.el mejor hotel?	*.el méRor otel?*
.un bon hôtel?	.un buen hotel?	*.oune bouéne otel?*
.un hôtel simple (confortable, bon marché)?	.un hotel sencillo (cómodo, barato)?	*.oune otel sennθilyo (komodo, barato)*
.une pension de famille?	.una casa de huéspedes?	*.oune kassa dé ouéspédés?*
.une auberge de jeunesse?	.un albergue de la juventud?	*.oune albergué dé la Ruvenntoud?*
Loger chez l'habitant	Alquilar una habitación en una casa particular	*alkilar ouna abitaθione ène ouna kassa partikoular*
Où se trouve l'hôtel Melia Princesa?	¿Dónde está el hotel Melia Princesa?	*donndé esta el otel mélia prinnθéssa?*

A l'hôtel

En arrivant

Avez-vous...?	¿Tiene usted...?	*tiéné oustéd...?*
J'ai réservé...	He reservado...	*è résservado...*
.une (deux) chambre(s)	.una (dos) habitación(es)	.*ouna (dos) abitaθion(es)*
.une suite...	.una "suite'...	.*ouna souite...*
.pour une personne	.para una persona	.*para ouna perssona*
.pour deux personnes	.para dos personas	.*para dos perssonas*
.avec vue...	.con vista...	.*konn vissta...*
.sur la cour	.al patio	.*al patio*
.sur le jardin	.al jardin	.*al Rardine*
.sur la mer	.al mar	.*al mar*
.sur la campagne	.al campo	.*al kammpo*
J'aimerais réserver...	Quisiera reservar...	*kissiéra résservar...*
.une chambre calme	.una habitación tranquila	.*ouna abitaθione trannkila*
.une chambre bien chaude	.una habitación muy caliente	.*ouna abitaθione moui kaliennté*
.avec... un grand lit	.con... una cama matrimonial	.*kone... ouna kana matrimonial*
.des lits jumeaux	.dos camas	.*dos kamas*
.une salle de bain	.un cuarto de baño	.*oune kouarto dé bagno*
.une douche	.una ducha	.*ouna doutcha*
Pouvez-vous rajouter un lit?	¿Puede usted añadir otra cama?	*pouédé oustéd agnadir otra kama?*
Y a-t-il un bar dans la chambre?	¿Hay un bar en la habitación?	*aï oune bar ène la abitaθione?*
Y a-t-il un coffre-fort?	¿Hay una caja de caudales?	*aï ouna kaRa dé kaoudales?*
Où est le parking?	¿Dónde está el aparcamiento?	*donndé esta el aparkamiennto?*
.le bar (salon)?	.el bar (salón)?	.*el bar (salone)?*
Je resterai...	Me quedaré...	*mé kédaré...*
.juste une nuit	.sólo una noche	.*solo ouna notché*
.deux jours	.dos dias	.*dos dias*
.une semaine	.una semana	.*ouna sémana*
.un mois	.un mes	.*oune mèsse*
.encore une nuit	.una noche más	.*ouna notché mas*
.peut-être plus longtemps	.tal vez más tiempo	.*tal veθ mas tiemmpo*
.jusqu'au... (dix)	.hasta el... (diez)	.*asta el (dieθ)*
Je ne sais pas encore combien de temps je (nous) resterai (resterons)	Todavía no sé cuanto tiempo me (nos) quedaré (quedaremos)	*todavia no sé kouannto tiemmpo mé (nos) kédaré (kédarémos)*

Français	Español	Prononciation
Acceptez-vous les animaux?	¿Aceptan animales?	*aθeptane animales?*
J'ai un (deux) chat(s) chien(s)	Tengo un (dos) gato(s) perro(s)	*tenngo oune (dos) gato(s) perro(s)*
Combien coûte...	¿Cúanto cuesta...	*kouannto kouessta*
.cette chambre?	.esta habitación?	*.esta abitaθione?*
.un lit supplémentaire?	.una cama adicional?	*.ouna kama adiθional?*
.la demi-pension?	.la media pensión?	*.la média pennssione?*
.la pension complète?	.la pensión completa?	*.la pennssione kommpléta?*
Le service (la TVA, le petit déjeuner) est-il compris?	¿Está incluido el servicio (el impuesto, el desayuno)?	*esta innklouido el serviθio (el immpouesto, el déssayuno)?*
Puis-je voir la chambre?	¿Puedo ver la habitación?	*pouédo ver la abitaθione?*
Je (ne) la prends pas	(No) la tomo	*(no) la tomo*
Elle est trop...	Es demasiado...	*èsse démassiado...*
.bruyante (petite, chère)	.ruidosa (pequeña, cara)	*.rouidossa (pékégna, kara)*
En avez-vous une...	¿Tiene otra...	*tiéné otra...*
.moins bruyante?	.menos ruidosa?	*.ménos rouidossa?*
.plus grande?	.más grande?	*.mas granndé?*
.moins chère?	.menos cara?	*.ménos kara?*

Comprendre

Español	Prononciation	Français
Su pasaporte por favor	*sou passaporté por favor*	Votre passeport, svp
Su carné de identidad	*sou karné dé idenntidad*	Votre carte d'identité
Llene esta ficha	*lyéné esta fitcha*	Remplissez cette fiche
Firme aqui	*firmé aki*	Signez ici
Aquí tiene su llave	*aki tiéné sou lyavé*	Voici votre clé
Es en la planta baja (en el primer piso)	*èssee ène la plannta baRa (ène el primer pisso)*	C'est au rez-de-chaussée (au premier)
Deje las llaves aqui	*déRé las lyaves aki*	Laissez les clés ici
Hay que irse de la habitación antes de las doce	*aï ké irssé dé la abitaθione antés dé las doθé*	Libérez la chambre avant midi
Salida de emergencia	*salida dé émerRennθia*	Issue de secours
Extinctor	*ecstinntor*	Extincteur
No molestar	*no molestar*	Ne pas déranger
Por favor arreglen mi cuarto	*por favor arréglène mi kouarto*	Faites la chambre, svp

Où est ma clef?	¿Dónde está mi llave?	**donn**dé esta mi *lyavé*?
A quel étage est...	¿En qué piso está...	*ène* **ké** *pisso esta...*
.ma chambre?	.mi habitación?	.*mi* abita**θione**?
.la chambre de M.Dupont?	.la habitación del Sr Dupont?	. *la* abita**θione** del **ségnor** *Dupont*?
Je viens voir...	Vengo a ver...	**venn**go a ver...
J'attends...	Estoy esperando a...	esto**ï** espé**rann**do a...
.un(e) (des) ami(e)(s)	.un(a) amigo(a)(s)	.oune(a) **amigo**(a)(s)
Je suis M.Dupont	Soy el Sr Dupont	so**ï** el **ségnor** *Dupont*
Il(elle) s'appelle...	Se llama...	sé **lyama**...
Quel est le numéro de sa chambre?	¿Cúal es el número de su habitación?	**koual** èsse el **nouméro** dé **sou** abita**θione**?
Pouvez-vous l'appeler?	¿Puede usted llamarlo?	poué**dé** ous**téd** *lyamarlo*?
.me le passer?	.ponerme con él?	.poner**mé** kone **el**?
.lui demander de descendre?	.pedirle que baje?	.**pédirlé** ké **ba**Ré?
Puis-je monter?	¿Puedo subir?	**poué**do sou**bir**?
Dites-lui de monter	Digale que suba	**diga**lé ké **souba**
Puis-je laisser...?	¿Puedo dejar...?	**poué**do dé**Rar**...?
Y a-t-il un message pour moi?	¿Hay algún recado para mí?	a**ï** al**goune** ré**kado** para **mi**?
J'attends...	Estoy esperando...	esto**ï** espé**rann**do...
.un message	.un recado	.oune ré**kado**
.un coup de téléphone	.una llamada telefónica	.ouna **lyamada** télé**fo**nika
.une visite	.una visita	.ouna **vissi**ta
Ne me passez aucune communication	No me pase ninguna llamada	**no** mé **passé** ninn**gou**na **lyamada**

Comprendre

Está aqui	*esta aki*	Il est ici
No está	*no esta*	Il n'est pas là
Espere un momento	*espéré oune momennto*	Attendez un instant
Ahora baja	*aora* **ba**Ra	Il descend tout de suite
Puede subir	**poué**dé sou**bir**	Vous pouvez monter
Habitación n° 203	abita**θione** **nou**méro dos **θ**ienntos très	Chambre n° 203
No molestar	*no* mole**star**	Ne pas déranger
Por favor arreglen mi cuarto	*por fa***vor** *arrè***glène** mi **kouar**to	Faites la chambre svp

30

Voulez-vous faire monter, svp...	Por favor digale que suba...	por favor digalé ké souba...
.le chasseur	.al botones	.al botones
.la femme de chambre, la serveuse	.a la camarera	.a la kamaréra
.le garçon	.al camarero	.al kamaréro
Passez-moi...	Póngame con...	ponngamé koné...
.la réception	.la recepción	.la réθepθione
.le restaurant	.el restaurante	.el restaourannté
.le standard	.la centralita telefónica	.la θeenntralita téléfonika
.le directeur	.el director	.el direktor
Pouvez-vous nettoyer (laver, repasser) ces vêtements?	¿Podría usted limpiar (lavar, planchar) esta ropa?	podria oustéd limmpiar (lavar, plantchar) esta ropa?
Apportez-moi svp...	Traigame por favor...	traigamé por favor...
.un autre oreiller	.otra almohada	.otra almoada
.une couverture	.una manta	.ouna mannta
.des cintres	.unas perchas	.ounas pertchas
.une serviette	.una toalla	.ouna toalya
.du savon	.jabón	.Rabone
.du fil et une aiguille	.hilo y aguja	.ilo i agouRa
.du papier à lettres	.papel de carta y sobres	.papel dé karta i sobres
Le lavabo est bouché	El lavabo está atascado	el lavabo esta ataskado
Il n'y a pas d'eau (chaude)	No hay agua (caliente)	no aï agoua (kaliennté)
Qui est là?	¿Quién es?	kiène èsse?
Un instant!	¡Un momento!	oune momennto!
Entrez!	¡Pase!	passé!
La porte est ouverte	La puerta esta abierta	la pouerta esta abierta

Le petit déjeuner — El desayuno

Où est la salle à manger?	¿Dónde está el comedor?	donndé esta el komédor?
Puis-je prendre...?	¿Puedo tomar...?	pouédo tomar...?
Je prendrai...	Voy a tomar...	voï a tomar...
.mon petit déjeuner	.el desayuno	.el déssayouno...
.en bas	.abajo	.abaRo
.dans ma chambre	.en mi cuarto	.ène mi kouarto
Montez-moi svp...	Subame por favor...	soubamé por favor...
Donnez-moi svp...	Dème por favor...	démé por favor...
.un petit déjeuner complet	.un desayuno completo	.oune déssayouno kommpléto

·pour une personne	·para una persona	*·para ouna perssona*
·pour deux personnes	·para dos personas	*·para dos perssonas*
·juste du café (du thé) et des toasts	·sólo café (té) y pan tostado	*·solo kafé (té) i pane tostato*
·du café noir	·café solo	*·kafé solo*
·du café au lait	·café con leche	*·kafé kone létché*
·sucré, non sucré	·con azúcar, sin azúcar	*·kone aθoukar, sine aθoukar*
·du beurre	·mantequilla	*·manntékilya*
·de la confiture	·mermelada	*·mermélada*
·de la marmelade d'orange	·mermelada de naranja	*·mermélada dé narannRa*
·un jus de fruit (d'orange, d'ananas, de pamplemousse)	·un zumo de fruta (de naranja, piña, pomelo)	*·oune θoumo dé frouta (dé narannRa, pigna, pomélo)*
·des saucisses	·salchichas	*·saltchitchas*
·du jambon	·jamón	*·Ramone*
Je prendrai mes œufs...	Voy a tomar huevos...	*voï a tomar ouévos...*
·à la coque	·pasados por agua	*·passados por agoua*
·durs	·duros	*·douros*
·sur le plat	·estrellados	*·estrélyados*
·brouillés	·revueltos	*·révoueltos*
·pochés	·escalfados	*·eskalfados*
Je prendrai une omelette	Voy a tomar una tortilla	*voï a tomar ouna tortilya*

En partant

Je partirai...	Me iré...	*mé iré*
·ce soir	·esta noche	*·esta notché*
·demain matin	·mañana por la mañana	*·magnana por la magnana*
Pouvons-nous (puis-je) rester après midi?	¿Podemos (puedo) quedarnos (me) después de las doce?	*podémos (pouédo) kédarnos (mé) despoués de las doθé?*
Jusqu'à quelle heure?	¿Hasta qué hora?	*asta ké ora?*
Préparez ma note svp	Prepáreme mi cuenta por favor	*préparéme mi kouennta por favor*
Je suis pressé	Tengo prisa	*tenngo prissa*
Je ne comprends pas	No entiendo	*no enntienndo*
Quel est ce supplément?	¿Qué es este suplemento?	*ké ésse este suplémennto?*

Acceptez-vous...	¿Aceptan...	*aθeptane...*
.les cartes de crédit?	.las tarjetas de crédito?	*.las tarRétas dé krédito?*
.les chèques de voyage?	.los cheques de viaje?	*.los tchékés dé viaRé?*
.les eurochèques?	.los eurocheques?	*.los éourotchékés?*
.les francs français? (belges, suisses)?	.los francos franceses (belgas, suizos)?	*.los frannkos frannθéssés (belgas, souiθos)?*
Pouvez-vous changer ces francs?	¿Puede usted cambiar estos francos?	*pouédé ousted kammbiar estos frannkos?*
Faites-moi une facture svp	Hágame una factura por favor	*agamé ouna faktoura por favor*
Je voudrais récupérer ce que j'ai mis dans le coffre	Quisiera recoger lo que dejé en la caja de caudales	*kissiéra rékoRer lo ké déRé èn la kaRa dé kaoudales*
Pouvez-vous garder mes (nos) bagages?	¿Podría dejarle mi (nuestro) equipaje?	*podria déRarlé mi (nouestro) ékipaRé?*
.jusqu'à ce soir?	.hasta la noche?	*.asta la notché?*
.un jour ou deux?	.un día o dos?	*.oune dia o dos?*
.une semaine?	.una semana?	*.ouna sémana?*
Tenez, voici pour vous	Esto es para usted	*esto ésse para oustéd*
Nous avons fait un séjour très agréable	Ha sido una estancia muy agradable	*a sido ouna estannθia moui agradablé*
Nous reviendrons l'année prochaine	Volveremos el alño próximo	*volvérémos el agno procsimo*

Camper

Les campings sont très nombreux (plus de 350) surtout sur la Costa Brava. La licence internationale de camping n'est plus exigée. Il suffit d'avoir une pièce d'identité. Prix à titre indicatif par jour et par personne:
Luxe 330 Ptas
- 1re catégorie 270 Ptas
- 2e catégorie 210 Ptas
- 3e catégorie 180 Ptas.

Il existe un Guide Officiel des Campings que l'on peut acheter dans les librairies (ou consulter dans les Offices de Tourisme) ainsi qu'une carte des campings offerte gracieusement dans les Offices de Tourisme.

Peut-on camper ici?	¿Se puede acampar aqui?	*sé **poué**dé akamm**par** aki?*
Y a-t-il (où y a-t-il) de l'eau potable?	¿Hay (dónde hay) aqua potable?	*aï (**donn**dé aï) agoua potablé?*
Où est le camping?	¿Dónde está el camping?	*donndé esta el **kamm**ping?*
Quel est le prix?	¿Cúal es el precio?	***koualé**sse el **pré**θio?*
.par jour?	.por dia?	*.por **dia**?*
.par personne?	.por persona?	*.por per**sso**na?*
.pour une tente?	.por tienda?	*.por **tienn**da?*
.pour une caravane?	.por caravana?	*.por ka**rava**na?*
.pour la voiture?	.por coche?	*.por kot**ché***
Est-il possible de louer...	¿Se puede alquilar...	*sé **poué**dé alkilar...*
.un bungalow?	.un bungalow?	*.oune **bounn**galo?*
.une bicyclette?	.una bicicleta?	*.ouna biθi**klé**ta?*
Où est (sont)...	¿Dónde está (están)...	*donndé esta (estane)...*
.les douches?	.las duchas?	*.las **dout**chas?*
.les toilettes?	.los servicios?	*.los ser**vi**θios?*
.la piscine?	.la piscina?	*.la pis**θi**na?*
.le centre commercial?	.el centro comercial?	*.el θe**enn**tro komer**θial**?*
Où puis-je acheter...	¿Dónde se puede comprar...	*donndé sé **poué**dé kommprar...*
.une bouteille de gaz?	.una bombona de gas?	*.**ou**na bom**bon**na dé **gasse**?*
.un réchaud?	.una cocinilla?	*.ouna koθi**nil**ya?*
.une lampe de poche?	.una linterna?	*.ouna linn**ter**na?*
.un marteau?	.un martillo?	*.oune mar**til**yo?*
.un ouvre-boîtes?	.un abrelatas?	*.oune abré**la**tas*
.du pétrole?	.petróleo	*.petro**léo***
.un seau?	.un cubo?	*.oune **kou**bo?*
.un tire-bouchon?	.un sacacorchos?	*.oune saka**kort**chos?*

Auto-stop

Français	Español	Prononciation
Je vais à...	Voy a...	*voï a...*
Allez-vous à...	Va a...	*va a...*
Où allez-vous?	Adónde va?	*adonndé va?*
Je m'arrête à...	Me paro en...	*mé paro ène*
C'est (est-ce) sur la route de...	Es (es?) en la carretera de...	*ésse en la karrétéra dé...*
Pouvez-vous m'emmener à...?	¿Puede usted llevarme a...?	*pouédé oustéd lyévarmé a...?*
J'attendais depuis (une, deux) heure(s)	Hacía (una, dos) hora(s) que estaba esperando	*aθia (ouna, dos) ora(s) ké estaba espéranndo*
Je suis Français(e) (Belge, Suisse)	Soy francés(a) (belga, suizo(a))	*soï frannθés(a) (belga, souiθo(a))*
Connaissez-vous la France (Belgique, Suisse)?	¿Conoce Francia (Bélgica, Suiza)?	*konoθé frannθia (belRika, souiθa)?*
J'habite à Paris	Vivo en Paris	*vivo ène paris*
C'est la première (deuxième) fois que je viens en Espagne	Es la primera (segunda) vez que visito España	*èsse la priméra (ségounnda) veθ ké vissito espagna*
Est-ce que vous fumez?	¿Fuma usted?	*fouma oustéd?*
Puis-je fumer?	¿Puedo fumar?	*pouédo foumar?*
Est-ce que je peux vous offrir...?	¿Puedo ofrecerle...?	*pouédo ofréθerlé...?*

Comprendre

Español	Prononciation	Français
¡Suba!	*souba!*	Montez?
¡Bajese aqui!	*baRéssé aki!*	Descendez ici!
Voy a dejarle en la salida...	*voï a déRarlé ène la salida...*	Je vais vous déposer à la sortie...
.de la ciudad	*.dé la θioudad*	.de la ville
.del autopista	*.del aoutopista*	.de l'autoroute
¿De qué país es usted?	*dé ké pais ésse oustéd?*	De quel pays êtes-vous?
¿De dónde viene?	*dé donndé viéné?*	D'où venez-vous?
¿Adónde va?	*adonndé va?*	Où allez-vous?
¿Adónde va a dormir?	*adonndé va a dormir?*	Où allez-vous dormir?

Faire les courses

Où est la plus proche...	¿Dónde está...	*donndé esta...*
.boulangerie?	.la panadería más cercana?	.*la panadéria mas θerkana?*
.la boucherie?	.la carnicería más cercana?	.*la karniθéria mas θerkana?*
.charcuterie?	.la charcutería más cercana?	.*la tcharkouteria mas θerkana?*
.crèmerie?	.la mantequería más cercana?	.*la manntékéria mas θerkana?*
.poissonnerie?	.la pescadería más cercana?	.*la peskadéria mas θerkana?*
.la boutique de fruits et légumes?	.la verdulería más cercana?	.*la verduleria mas θerkana?*
.boutique de vins et spiritueux?	.la bodega más cercana?	.*la bodéga mas θerkana?*
Y a-t-il...	¿Hay...	*aï...*
.un marché en plein air?	.un mercado al aire libre?	.*oune merkado al airé libré?*
.un supermarché?	.un supermercado?	.*oune soupermerkado?*
.un centre commercial?	.un centro comercial?	.*oune θentro komerθial*

Acheter — La compra

Donnez-moi...	Déme...	*démé...*
.un morceau de...	.un pedazo de...	.*oune pédaθo dé...*
.une part de...	.una tajada de...	.*ouna taRada dé...*
.une tranche de...	.una rebanada de...	.*ouna rébanada dé...*
.une bouteille de...	.una botella de...	.*ouna botélya dé...*
.un paquet de...	.un paquete de...	.*oune pakété dé...*
.une boîte de...	.una caja de...	.*ouna kaRa dé...*
.un kilo de...	.un kilo de...	.*oune kilo dé...*
.une livre de...	.medio kilo de...	.*médio kilo dé...*
.une demi-livre de...	.un cuarto de...	.*oune kouarto dé...*
.un litre de...	.un litro de...	.*oune litro dé...*
Donnez-m'en un	Déme un poco...	*démé oune poko...*
.peu... plus, moins	.más, menos	.*mas, ménos*

Comprendre

¿Quiere usted otra cosa?	*kiéré oustéd otra kossa?*	Voulez-vous autre chose?
Aqui tiene su cambio	*aki tiéné sou kambio*	Voici votre monnaie
Gracias, hasta pronto	*graθias, asta pronto*	Merci, à bientôt

A la boulangerie

	La panadería	
Je voudrais...	Quisiera...	*kissiéra...*
.du pain	.pan	.*pane*
.un (deux) pains	.una (dos) barra(s) de pan	.*ouna (dos)* **barra(s)** *dé* **pane**
.du pain de seigne	.un pan de centeno	.*oune* **pane** *dé* θ*ennténo*
.du pain de son	.un pan de salvado	.*oune* **pane** *dé salvado*
Avez-vous du pain français?	¿Tiene usted pan francés?	**tiéné oustéd** *pane* fran*n*θ*és?*
Avez-vous...	¿Tiene usted...	**tiéné oustéd...**
.de la pâtisserie?	.pasteles?	.*past**élés?**
.une tarte aux pommes?	.una tarta de manzana?	.*ouna* **tarta** *dé mann*θ*ana?*
.un gâteau roulé?	.un brazo de gitano?	.*oune* **bra**θ*o dé Ritano?*
.un sablé au saindoux?	.un polvorón?	.*oune polvorone?*
.un gâteau des rois?	.un roscón de reyes?	.*oune* ros**kone**dé *réyés?*
.du pain d'épice?	.alajú?	.*ala**Rou?**

A la boucherie

	La carnicería	
Je voudrais...	Quisiera...	*kissiéra...*
.de la viande	.carne	.**karné**
.du bœuf	.de buey	.*dé boueï*
.un beefsteak	.un bistec	.*oune bis**tek**
.un rôti	.un carne para asar	.*oune* **karné** *para as**sar**
.une côte de bœuf	.una costilla de buey	.*ouna kos**tilya** dé boueï*
.du veau	.carne de ternera	.**karné** *dé ter**néra**
.une côte de veau	.una costilla de ternera	.*ouna kostiliya dé ter**néra**
.du mouton	.carnero	.**karnéro**
.de l'agneau	.cordero	.*kor**déro**
.un gigot	.una pierna de cordero	.*ouna* **pierna** *dé kor**déro**
.une côtelette	.una costilla	.*ouna kos**tilya**
.du porc	.carne de cerdo	.**karné** *dé*θ**erdo**
.une côte de porc	.una costilla de cerdo	.*ouna kostilya dé* θ**erdo**
.un poulet	.un pollo	.*oune* **polyo**
.une dinde	.un pavo	.*oune* **pavo**
.un lapin	.un conejo	.*oune kon**éRo**
.du foie	.higado	.*igado*
.de la viande pour les animaux	.carne para animales	.**karné** *para ani**males**
Est-ce que c'est tendre?	¿Es tierna?	**ésse tierna**

A la poissonnerie

Je voudrais...
- du poisson
- une tranche de...
- un filet de...
- des anchois
- de l'anguille fumée
- une barbue
- un brochet
- une carpe
- une daurade
- des harengs (saurs)
- une limande
- un maquereau
- de la morue
- de la raie
- des sardines
- du saumon (fumé)
- une sole
- du thon
- une truite (fumée)

Donnez-moi...
- des fruits de mer
- des crustacés
- des crevettes (grises)
- des crevettes (bouquet)
- des écrevisses
- un homard
- une langouste
- des huîtres
- une douzaine d'huîtres
- des moules
- des coquilles Saint-jacques
- des civelles
- des couteaux
- des pousse-pieds

La pescadería

Quisiera...
- pescado
- una tajada de...
- un filete de...
- anchoas
- anguila ahumada
- una barbada
- un lucio
- una carpa
- un besugo
- arenques (ahumados)
- una acedía
- una caballa
- bacalao
- raya
- sardinas
- salmón (ahumado)
- un lenguado
- atún
- una trucha (ahumada)

Déme...
- mariscos
- crustáceos
- camarones
- gambas
- cangrejos de rio
- un bogavante
- una langosta
- ostras
- una docena de ostras
- mejillones
- vieiras
- angulas
- navajas
- percebes

---

kissiéra
- *peskado*
- *ouna taRada dé...*
- *oune filété dé...*
- *anntchoas*
- *annguila aoumada*
- *ouna barbada*
- *oune louθio*
- *ouna karpa*
- *oune bessougo*
- *arennkés (aoumados)*
- *ouna aθédia*
- *ouna kabalya*
- *bakalao*
- *raya*
- *sardinas*
- *salmone (aoumado)*
- *oune lenngouado*
- *atoune*
- *ouna troutcha (aoumada)*

démé...
- *mariskos*
- *kroustaθéos*
- *kamarones*
- *gammbas*
- *kanngréRos dé rio*
- *oune bogavannté*
- *ouna lanngosta*
- *ostras*
- *ouna doθéna de ostras*
- *méRilyones*
- *viéiras*
- *anngoulas*
- *nava Ras*
- *perθébés*

A la charcuterie

Je voudrais...
- du jambon

La carcutería

Quisiera...
- jamón

---

kissiéra...
- *Ramone*

.une (deux) tranches de jambon	.una (dos) loncha(s) de jamón	.ouna (dosse) **lonnt**chas dé Ram**one**
.du lard	.tocino	.to**θ**ino
.du pâté	.foie gras	.foie **gras**

* En Espagne, on emploie le terme «foie gras» pour n'importe quel pâté. En revanche, on emploie souvent le terme «pâté» pour du foie gras.

.une (des) saucisses	.una(s) salchicha(s)	.ouna(s) sal**tchit**cha(s)
.une part de ceci	.un pedazo de ésto	.oune péda**θ**o dé esto

A la crémerie — La lechería

Je voudrais...	Quisiera...	ki**ssié**ra
.du lait	.leche	.**lét**ché
.un litre de lait	.un litro de leche	.oune **li**tro dé **lét**ché
.entier, écrémé	.entera, desnatada	.enn**té**ra, desna**ta**da
.de la crème	.nata	.**na**ta
.du beurre	.mantequilla	.mann**té**kilya
.du beurre salé	.mantequilla salada	.mann**té**kilya sala**da**
.du fromage	.queso	.**kés**so
.du fromage blanc	.requesón	.réké**ssone**
.un (des) yaourt(s)	.un yogur-yogures	.oune yo**gour**-yo**goures**
.des œufs	.huevos	.**ou**évos
.une douzaine d'œufs	.una docena de huevos	.ouna do**θé**na de **ou**évos
.du fromage râpé	.queso rallado	.**kés**so raly**a**do
Avez-vous des fromages français?	¿Tiene usted queso francés?	**tié**né ous**téd kés**so frann**θés**?
Donnez-moi un fromage local	Déme un queso regional	**dé**mé oune **kés**so réRion**al**

Fromages espagnols

Cabrales: fromage de chèvre.

Manchego: fromage de brebis sec (*seco*), mou (*tierno*) ou très corsé (*curado*).

Villalon: fromage tiré d'un lait de brebis que l'on fait cailler en 2 ou 3 heures.

Cebrero: fromage de vache.

Pata de mulo: fromage de brebis.

A l'épicerie

Je voudrais...
- du sel
- du poivre
- de l'huile (d'olive)
- du vinaigre
- de la moutarde
- du sucre
- de la confiture - de la marmelade
- du miel
- des biscuits
- des nouilles
- du riz
- du potage en sachet
- du café
- du thé
- du chocolat
- de l'eau minérale (plate, pétillante)

Avez-vous des produits (des plats) congelés?

La tienda de ultramarinos

Quisiera...
- sal
- pimienta
- aceite (de oliva)
- vinagre
- mostaza
- azúcar
- mermelada

- miel
- galletas
- tallarines
- arroz
- sopa de sobre

- café
- té
- chocolate
- agua mineral (sin gas, con gas)

¿Tiene ústed productos (platos) congelados?

kissiéra...
- *sal*
- *pimiennta*
- *aθeité (dé oliva)*
- *vinagré*
- *mostaθa*
- *aθoukar*
- *mermélada*

- *miel*
- *galyétas*
- *talyarines*
- *arroθ*
- *sopa dé sobré*

- *kafé*
- *té*
- *tchokolaté*
- *agoua minéral (sine gasse, kone gasse)*

tiéné oustéd prodouktos (platos) konnRélados?

Chez le marchand de fruits et légumes

Je voudrais...
- des légumes
- de l'ail
- des asperges
- des carottes
- des champignons
- un chou
- un chou-fleur
- des choux de Bruxelles
- un concombre
- des endives
- des fèves
- des épinards
- des haricots verts
- des navets
- des oignons
- du persil

La verdulería

Quisiera...
- verduras
- ajo
- espárragos
- zanahorias
- setas
- una col
- una coliflor
- coles de Bruselas

- un pepino
- endibias
- habas
- espinacas
- judías verdes
- nabos
- cebollas
- perejil

kissiéra
- *verdouras*
- *aRo*
- *esparragos*
- *θanaorias*
- *sétasse*
- *ouna kol*
- *ouna koliflor*
- *koles dé Broussélas*

- *oune pépino*
- *enndibias*
- *abas*
- *espinakas*
- *roudias verdes*
- *nabos*
- *θébolyas*
- *péréRil*

.des poireaux	.puerros	.**pouérros**
.des pois chiches	.garbanzos	.garbannθos
.des petits pois	.guisantes	.guissann**tes**
.des pommes de terre	.patatas	.patatas
.des radis	.rábanos	.**rab**anos
.des tomates	.tomates	.to**mates**
.des fruits	.frutas	.**frou**tas
.des abricots	.albaricoques	.albari**ko**kes
.un ananas	.una piña americana	.ouna **pigna** amé**rica**na
.des bananes	.plátanos	.**plata**nos
.des cerises	.cerezas	.θéréθas
.des citrons	.limones	.**limo**nes
.des fraises	.fresas	.**fré**ssas
.des framboises	.frambuesas	.frammbou**éssas**
.des groseilles	.grosellas	.**grossé**lyas,
.des myrtilles	.arándanos-mirtillos	.**arann**danos- mir**tilyos**
.des oranges	.naranjas	.narann**Ras**
.des pamplemousses	.pomelos	.pommé**los**
.des pêches	.melocotones	.mélokotones
.des poires	.peras	.**pé**ras
.des pommes	.manzanas	. mannθanas
.des prunes	.ciruelas	.θirou**é**las
.du raisin	.uva	.**ou**va
.des fruits exotiques	.frutas exóticas	.**frou**tas ec**so**tikas
.des mangues	.mangos	.**mann**gos
.des avocats	.aguacates	.agoua**ka**tes
.des figues de Barbarie	.tunas	.**tou**nas
.annones (ou pommes cannelle)	.chirimoyas	.tchiri**mo**lyas
.un corossol	.una guanábana	.ouna goua**na**bana
.des goyaves	.guayabas	.goua**ya**bas
.des tamarins	.tamarindos	.tama**rinn**dos
.des nèfles	.nísperos	.**nis**péros
.des sapotilles	.zapotes	.θa**po**tes
Sont-ils...	¿Son...	sone...
.frais, juteux, sucrés?	.frescos, jugosos, dulces?	.fress**k**os, Rou**gos**sos, doulθes?
Ils sont...	Están...	estane...
.verts, durs, gâtés, pourris	.verdes, duros, pochos, podridos	.**ver**des, douros, **pot**chos, po**dri**dos

Chez le marchand de vins et de spiritueux — La bodega

Donnez-moi...	Déme...	**dé**mé...
.une bouteille de (bon) vin	.una botella de (buen) vino	.ouna bo**té**lya dé **boué**ne vino

.du vin rouge (blanc, rosé)	.vino tinto (blanco, clarete)	.*vino tinnto (blannko, klarété)*
.six canettes de bière	.seis botellines de cerveza	.*séis botélyines dé θervéθa*
Avez-vous...	¿Tiene usted...	*tiéné oustéd...*
.du vin français?	.vino francés?	.*vino frannθés?*
.du vin de la Rioja?	.vino de la Rioja?	.*vino dé la rioRa?*
.de la bière Aguila?	.cerveza Aguila?	.*θervéθa aguila?*
.de la bière française blonde ou brune?	.cerveza francesa dorada o negra?	.*θervéθa frannθéssa dorada o négra?*
Je voudrais...	Quisiera...	*kissiéra...*
.du cognac	.una botella de coñac	.*ouna botélya dé kognak*
.un alcool local	.una botella de alcohol del país	.*ouna botélya dé alcohol del pais*
.une bouteille de Chinchon doux, sec	.una botella de Chinchón dulce, seco	.*ouna botélya dé tchinntchone doulθé, séko*
.une bouteille de Xérez	.una botella de Jerez	.*ouna botelya de Rereθ*
.un très bon Marqués de Caceres	.un muy buen Marqués de Cáceres	.*oune moui bouène markés dé kaθéres*

Vins et alcools

L'Espagne, qui fait partie des grands producteurs européens de vins, produit d'excellents vins rouges (*vino tinto*), blancs (*vino blanco*) et rosés (*clarete*). Les vins les plus fameux sont ceux de la Rioja, parmi lesquels on remarque le Rioja Alta, le Marqués de Cáceres, le Rioja Alavesa qui sont des vins rouges corsés. Les vins catalans, moins forts, sont également très agréables, tels que le Priorato et l'Atella. Le Moscatel et le Pedro Ximénes sont des vins doux et très fruités.

L'Andalousie produit le Xérès (*Jerez*) ou Sherry, très prisé par les Espagnols. Les plus connus sont le Tío Pepe, l'Osborne, le Fino La Ina. C'est un vin sec (*seco*) ou doux (*duce*).

Parmi les autres boissons alcoolisées, on trouve des digestifs à base d'anis, tels que l'Anís del Mono, l'Anís de Chinchón, l'Anís escarchado; du cognac Carlos III ou Fundador. Les liqueurs espagnoles les plus fines sont la Licor 43 et le Calisay.

Il ne faut bien sûr pas oublier de goûter à la traditionnelle et fameuse Sangría, très rafraîchissante, qui vous sera servie dans toutes les régions d'Espagne.

Au bureau de tabac

El estanco

Je voudrais...	Quisiera...	*kissiéra...*
.des cigarettes	.cigarrillos	*.θigarrilyos*
.un paquet de...	.una cajetilla de...	*.ouna kaRétilya dé...*
.une cartouche de...	.un cartón de...	*.oune kartone dé...*
.avec (sans) filtre	.con (sin) filtro	*.kone (sine) filtro*
Avez-vous des cigarettes françaises?	¿Tiene usted cigarrillos franceses?	*tiéné oustéd θigarrilyos frannθésés?*
Donnez-moi...	Déme...	*démé...*
.une boîte de cigares	.una caja de puros	*.ouna kaRa dé pouros*
.une boîte de d'allumettes	.una caja de cerillas	*.ouna kaRa dé θérilyas*
.un briquet	.un encendedor (mechero)	*.oune ennθenndédor métchéro)*
.de l'essence (du gaz) pour mon briquet	.gasolina (gas) para mi encendecor (mechero)	*.gassolina (gasse) para mi ennθenndédor (métchéro)*
.des pierres à briquet	.piedras de mechero	*.piédras dé métchéro*
.une pipe	.una pipa	*.ouna pipa*
.un cure-pipe	.unas escobillas	*.ounas eskobilyas*

Chez le fleuriste

El florista

Je voudrais...	Quisiera...	*kissiéra...*
.une orchidée	.una orquídea	*.ouna orkidéa*
.un pot de fleur	.una maceta	*.ouna maθéta*
.une plante verte	.una planta	*.ouna plannta*
.de l'engrais	.abono	*.abono*
Donnez-moi un bouquet	Déme un ramo de...	*démé oune ramo dé...*
Faites-moi un bouquet en mélangeant des... et des...	Hágame un ramo de flores con... y...	*agamé oune ramo dé florès kone... i...*
.mimosa	.mimosa	*.mimossa*
.œillets	.claveles	*.klavéles*
.pensées	.trinitarias	*.trinitarias*
.roses	.rosas	*.rossas*
.tulipes	.tulipanes	*.toulipanes*

Au restaurant

Comprendre

Les restaurants
(classiques
avec menus et
carte)

- *el restaurante*
  * de lujo (de luxe)
  * de primera, segunda, tercera categoria
  (1re, 2e, 3e catégorie selon la qualité de la
  cuisine et du service)

- *el merendero:* restaurant au bord de mer
- *el albergue de carretera:* restaurant de style
  moderne au bord d'une route.

Les auberges:
plus spécialisées en cuisine régionale (plats et
tapas: voir note 1). Ambiance souvent familiale,
très espagnole.
- *La Fonda*
- *La Hostería*
- *La Posada*
- *El Mesón:* ambiance de taverne très animée.

**Les bars, café-
bars, bistrots:**
avec boissons et la possibilité de manger des
tapas (voir note 1)
- *el bar*
- *la tasca* (bistrot): populaire. Très espagnol
- *la taberna*
- *la cafeteria:* tapas et *platós combinados*
  (menús à prix fixe et modéré)

Note 1: *Las tapas*: Tradition très espagnole qui permet de faire une
sorte de repas en miniature. C'est certainement la partie la plus variée
de la cuisine espagnole. On trouve dans les *tapas* servies sous forme
de petites rations, aussi bien les simples olives noires ou vertes que ls
calmars frits (*calamares a la romana*), les escargots en sauce
piquante (*caracoles en salsa picante*), le *chorizo*, les crevettes grillées
(*gambas a la plancha*).
   Dans les auberges et bars, il existe souvent une véritable liste de
tapas *(lista de tapas)*. A consulter absolument, souvent sur un tableau
noir situé vers le comptoir du bar.
   On mange généralement les *tapas* avant le déjeuner ou le dîner
mais certains bars en servent à n'importe quelle heure.

Note 2: *Heures des repas*
- le déjeuner (*el almuerzo*) entre 13 h et 15 h
- le dîner (*la cena*) à partir de 21 h

Où y a-t-il...	¿Dónde hay?	**donn**dé **aï**
Pouvez-vous	¿Puede usted	**pou**édé oust**éd**
m'indiquer...	indicarme...	inn**di**karmé

44

.un bon restaurant?	.un buen restaurante?	.*oune bouene restaourannté?*
.un restaurant bon marché?	.un restaurante barato?	.*oune restaourannté barato?*
Avez-vous...?	¿Tiene usted...?	*tiéné oustéd?*
Je voudrais...	Quisiera...	*kissiéra...*
J'ai réservé...	He reservado...	*é résservado...*
J'aimerais réserver...	Quisiera reservar...	*kissiéra résservar*
.une table pour deux personnes	.una mesa para dos personas	.*ouna méssa para dos perssonas*
.une table près de la fenêtre	.una mesa junto a la ventana	.*ouna méssa rounnto a la venntana*
.à la terrasse	.en la terraza	.*ène la térraθa*
.dans le jardin	.en el jardín	.*ène el Rardine*
.au calme	.en un rincón tranquilo	.*éne oune rinnkone trannkilo*
Donnez-moi svp...	Déme por favor...	*démé por favor...*
.la carte	.la carta	.*la karta*
.la carte des vins	.la carta de los vinos	.*la karta dé los vinos*
Que me recommandez-vous?	¿Qué me recomienda usted?	*ké mé rékomiennda oustéd?*
Je prendrai... ceci	Voy a tomar... esto	*voï a tomar... essto*
.le menu	.el menú	.*el ménou*
.le plat du jour	.el plato del día	.*el plato del día*
Apportez-moi svp...	Tráigame por favor...	*traigame por favor...*
.une carafe d'eau	.una jarra de agua	.*ouna Rarra dé agoua*
.un apéritif	.un aperitivo	.*oune apéritivo*
.des amuse-gueules	.tapas	.*tapas*
.du pain	.pan	.*pane*
.de la moutarde	.la mostaza	.*la mosstaθa*
.du sel, du poivre	.sal, pimienta,	.*sal, pimiennta,*
.de l'huile et du vinaigre	.aceite y vinagre	.*aθéité i vinagré*
Garçon!	¡Camarero!	*kamaréro*
Mademoiselle!	¡Señorita!	*ségnorita*

A la carte

A la carta

Les hors-d'œuvre	Los entremeses	*los enntrémésses*
Un potage	Una soupa, un consomé	*ouna sopa, oune konnssomé*
Une salade	Una ensalada	*ouna ennssalada*
Une vinaigrette	Une vinagreta	*ouna vinagréta*
Du poisson	Pescado	*pesskado*
Des fruits de mer	Mariscos	*marisskos*
De la viande...	Carne...	*karné*
.de bœuf	.de buey	.*dé bouéï*

45

.de mouton	.de cordero	.**dé** kor**dé**ro
.d'agneau	.de cordero	.**dé** kor**dé**ro
.de porc	.de cerdo	.**dé** θer**do**
.de veau	.de ternera	.**dé** ter**né**ra
De la volaille	Aves	**aves**
Du poulet	Pollo	**pol**yo
De la dinde	Pavo	**pa**vo
De la pintade	Pintada	pinn**tada**
De l'oie	Ganso	**gann**sso
Du lapin	Conejo	ko**né**Ro
Du gibier	Caza	**ka**θa
Des légumes	Legumbres	lé**goumm**brés
Des frites	Patatas fritas	pa**tatas fritas**
Des haricots verts	Judías verdes	Rou**dias verdes**
Des petits pois	Guisantes	gui**ssanntes**
Du fromage	Queso	**késso**
Du dessert	Un postre	oune pos**tré**
Des fruits	Una fruta	ouna **frouta**
Des fruits au sirop	Fruta en almíbar	**frouta** éne al**mibar**
De la pâtisserie	Un pastel	oune pas**tel**
De la glace	Un helado	oune é**lado**
Du café	Un café	oune ka**fé**
Un digestif	Un digestivo	oune diRes**tivo**
Une liqueur	Un licor	oune li**kor**

Les boissons

Las bebidas

De l'eau ordinaire	Agua del grifo	**agoua** del **grifo**
Une bouteille d'eau minérale...	Una botella de agua mineral...	ouna bo**télya** dé **agoua** mi**nér**al...
.plate	.sin gas	.sine **gasse**
.gazeuse	.con gas	.kone **gasse**
Du vin rouge, blanc, rosé	Vino tinto, vino blanco, clarete	vino **tinn**to, vino **blann**ko, kla**rété**
Un vin sec, pétillant	Un vino seco, espumoso	oune vino **séko**, espou**mosso**
Une demi-bouteille (de)	Media botella (de)	**média** bo**télya** (dé)
De la bière blonde (brune)	Una cerveza rubia (negra)	ouna θer**véθa roubia** (**négra**)
.pression	.una caña	.ouna **kagna**

La cuisson

La cocción

La viande	La carne	la **karné**
.grillée	.a la parrilla	.a la par**rilya**
.saignante	.poco hecha	.**poko étcha**
.à point	.regular	.**régoular**
.très cuite	.muy hecha	.moui **étcha**
.braisée	.estofada	.esto**fada**
.rôtie	.asada	.as**sada**
.en sauce	.en salsa	.ène **salsa**

46

Français	Español	Phonétique
.en ragoût	.guisado (de carne)	.*guissado (dé karné)*
.haché	.picada	.*pikada*
.bouillie	.hervida	.*ervida*
.froide	.fiambre	.*fiammbré*
Le poisson	El pescado	*el peskado*
.au court-bouillon	.hervido	.*ervido*
.au four	.al horno	.*al orno*
.grillé	.a la parrilla	.*a la parrilya*
.à la vapeur	.al vapor	.*al vapor*
.frit	.frito	.*frito*
.fumé	.ahumado	.*aoumado*
.mariné	.en escabeche	.*ène eskabétché*
.salé	.salado	.*salado*
.cru	.crudo	.*kroudo*

Il y a un problème

Un problema

Français	Español	Phonétique
J'ai besoin...	Necesito...	*néθéssito*
.d'un cendrier	.un cenicero	.*oune θéniθéro*
.d'une serviette	.una servilleta	.*ouna servilyéta*
.d'une assiette	.un plato	.*oune plato*
.d'un couteau	.un cuchillo	.*oune koutchilyo*
.d'une fourchette	.un tenedor	.*oune ténédor*
.d'une cuiller	.una cuchara	.*ouna koutchara*
.d'une petite cuiller	.una cucharita	.*ouna koutcharita*
.d'un verre	.un vaso	.*oune vasso*
.d'un autre...	.otro(a)...	.*otro(a)*
Pouvez-vous caler la table, svp?	¿Puede usted calzar la mesa por favor?	*pouédé oustéd kalθar la méssa por favor*
Où sont les toilettes?	¿Dónde están los servicios?	*donndé estane los serviθios?*
C'est trop... cuit (salé, dur)	Está demasiado... cocido (salado, duro)	*esta démassiado koθido (salado, douro)*
Ce n'est pas assez... cuit (chaud, salé, sucré)	No es bastante... cocido (caliente, salado, dulce)	*no és bastannté... koθido (kaliennté, salado, doulθé)*
Est-ce que vous nous avez oublié?	Nos ha olvidado?	*nosse a olvidado?*
C'est trop long	Tardan demasiado	*tardane démassiado*
Vous avez oublié de nous apporter...	Usted olvidó traernos...	*oustéd olvido traernos...*
.un plat	.un plato	.*oune plato*
.les boissons	.las bebidas	.*las bébidas*
.le pain	.el pan	.*el pane*
L'addition svp	La cuenta por favor	*la kouennta por favor*
Des additions séparées, svp	Las cuentas separadas, por favor	*las kouenntas séparadas, por favor*

Le service est-il compris?	Está incluído el servicio?	*essta innklouido el serviθio?*
Il y a une erreur	Se ha equivocado usted	*sé a ékivokado oustéd*
Voici pour vous	Esto es para usted	*essto èsse para oustéd*
Gardez la monnaie	Quédese con el cambio	*kédéssé kon el kammbio*
C'était très bon	Estaba muy rica la comida	*esstaba moui rika la komida*

Spécialités culinaires

En général, chaque région possède un caractère gastronomique propre.

Le plat le plus réputé est la *paella*, provenant de la province de Valence, fait à base de riz, safran, poivrons verts, oignons, tomates, calmars, crevettes, moules. Il existe toutefois des variantes: la *marinera*, à base de poissons et fruits de mer uniquement; la *catalana*, composée de saucisses de porc (*chorizo*), filets de porc, calmars, tomates, poivrons rouges et petits pois; la *zamorana*, à base de jambon, de filets et de pieds de porc, de poivrons rouges.

En Andalousie, le *gazpacho* est de rigueur. C'est un potage froid composé de jus de tomate, concombres, assaisonné de vinaigre, d'ail et servi glacé avec des petits croûtons secs et des légumes.

En Galice, on consomme le poulpe à la vinaigrette, servi dans des assiettes en bois, des mollusques et des crustacés (*mariscos*) ainsi que le *caldo gallego*, sorte de pot-au-feu à base de chorizo, veau, lard accompagné de choux, pommes de terre, fèves et navets. Le *lacón con grelos* (porc aux navets) est également très réputé.

En Castille, les *cocido madriléño* (pot-au-feu), *callos a la madrileña* (tripes), *cordero asado* (agneau rôti), *cochinillo tostado* (cochon de lait grillé) et les *embutidos* (charcuterie) remportent tous les suffrages.

Il ne faut pas oublier la Catalogne avec sa *butifarra*, saucisse, *chorizo* et la *zarzuela de mariscos* qui est une sorte de bouillabaisse.

Les Baléares offrent aux gourmets la *caldereta de mariscos*, sorte de soupe de poisson et la *ensaimada* qui est une pâte à croissant très légère en forme de spirale et saupoudrée de sucre.

Si vous n'êtes pas d'humeur à aller au restaurant, les *cafeterias* et les *mesones* vous proposeront des *tapas* qui vont des olives aux crevettes grillées ou au calmar mariné. Ces petits amuse-gueules constitueront agréablement vos repas. Vous vous régalerez avec les *tortillas* (omelette aux pommes de terre), les *boquerones en escabéche* (anchois au vinaigre), les *calamares en su tinta* (calmars dans leur encre), les *papas a la brava* (pomme de terre sauce piquante), le *chorizo*, les *mejillones* (moules), les *chanquetes* (petits poissons frits), les *calamares a la romana* (calmars frits), les *gambas a la plancha* (crevettes grillées), les *albóndigas* (boulettes de viande), le *salpicón de mariscos* (cocktail de fruits de mer), les *chopitos* (minuscules calmars), l'*ensaladilla* (macédoine de légumes), les *croquetas* (croquettes de poisson).

A la banque

Où y a-t-il...	¿Dónde hay...	*donndé aï?*
.une banque?	.un banco?	*.oune **bannko**?*
.un bureau de change?	.una oficina de cambio?	*.ouna ofiθina dé **kammbio**?*
Je voudrais changer des francs...	Quisiera cambiar francos...	*kissiéra kammbiar frannkos...*
.français (belges, suisses)	.franceses (belgas, suizos)	*.frannθéssés (belgas, souiθos)*
.ces chèques de voyage	.estos cheques de viaje	*.estos tchékés dé viaRé*
Quel est le taux de change?	¿Cúal es el tipo de cambio?	*koual èsse el tipo dé kammbio*
Quelle commission prenez-vous?	¿Qué porcentaje cobran?	*ké porθenntaRé kobrane?*
Voici mon passeport	Aquí tiene mi pasaporte	*aki tiéné mi passaporté*
Pouvez-vous me donner un (des) billet(s) de...	¿Puede usted darme un (os) billete(s) de...	*pouédé oustéd darmé oun (os) lyété(s) dé...*
.100 pesetas?	.100 pesetas?	*.θiène péssetas?*
.500 pesetas?	.500 pesetas?	*.kinienntas péssétas?*
Pouvez-vous...	¿Puede usted...	*pouédé oustéd...*
.me donner de la petite monnaie?	.darme dinero suelto?	*.darmé dinéro souelto?*
.me faire la monnaie de 100 pesetas?	.cambiarme de 100 pesetas?	*.kambiarmé dé θiène péssétas*
Je voudrais retirer de l'argent de mon compte	Quisiera sacar dinero de mi cuenta	*kissiéra sakar dinéro dé mi kouennta*
Je voudrais déposer de l'argent sur mon compte	Quisiera ingresar este dinero a mi cuenta	*kissiéra inngréssar esté dinéro a mi kouennta*
Est-ce que je peux retirer de l'argent avec...	¿Puedo sacar dinero con...	*pouédo sakar dinéro kone...*
.une carte de crédit?	.una tarjeta de crédito?	*.ouna tarRéta dé krédito?*
.un chéquier européen?	.un talonario de cheques europeos?	*.oune talonario dé tchékés éouropéos*
.cette lettre de crédit?	.esta garantía bancaria?	*.ésta garanntía bannkaria?*
J'attends un virement...	Espero una transferencia...	*espéro ouna trannsférennθia...*
.sur mon compte	.en mi cuenta	*.ène mi kouennta*
Est-il arrivé?	¿Ha llegad+ ya?	*a lyégado ya?*

49

Pouvez-vous vérifier?	¿Puede usted comprobar?	*pouédé oustéd kommprobar?*
Je voudrais voir le directeur	Quisiera hablar con el director	*kissiéra ablar kone l direktor*

A la poste

Où y a-t-il une boîte à lettres?	¿Dónde hay un buzón?	*donndé aí oune bouθone?*
Je voudrais envoyer...	Quiero mandar...	*kiéro manndar...*
.cette carte...	.esta tarjeta...	*.esta tarRéta...*
.cette lettre...	.esta carta...	*.esta karta...*
.ce paquet...	.este paquete...	*.esté pakété...*
.par avion	.por correo aéreo	*.por korréo aéréo*
.en exprès	.urgente	*.ourRennté*
.en recommandé	.por correo certificado	*por korréo θertifikado*
Combien coûte...?	¿Cúanto cuesta...?	*kouannto kouesta...?*
Donnez-moi...	Déme...	*démé...*
.un timbre pour	.un sello para...	*.oune sélyo para...*
.la France	.Francia	*.frannθia*
.l'étranger	.el extranjero	*.el ecstrannRéro*
.la Belgique, la Suisse	.Bélgica, Suiza,	*.belRika, souiθa*
Je voudrais envoyer un télégramme	Quisiera mandar un telegrama	*kissiéra manndar oune télégrama*
A quel guichet est-ce?	¿En qué mostrador es?	*ène ké mostrador esse?*
Où est la poste restante?	¿Dónde está la Lista de Correos?	*donndé esta la lista dé korréos?*
Avez-vous du courrier pour moi?	¿Hay correo para mi?	*aï korréo para mi?*
Je m'appelle...	Me llamo...	*mé lyamo...*
Voici mon passeport	Aquí tiene mi pasaporte	*aki tiéné mi passaporté*
J'attends...	Espero...	*espéro...*
Je voudrais envoyer (toucher) un mandat (international)	Quisiera mandar (cobrar) un giro postal (internacional)	*kissiéra manndar (kobra) oune Riro postal (innternaθional)*
Quand arrivera...	¿Cúando va a llegar...	*kouanndo va a llegar...*
.cette lettre?	.esta carta?	*.esta karta?*
.ce télégramme?	.este telegrama?	*.esté télégrama?*
.ce mandat?	.este giro postal?	*.esté Riro postal?*

50

Au téléphone

Je voudrais téléphoner...	Quisiera telefonear	*kissiéra téléfonéar*
.en PCV	.con cobro revertido	*.kone kobro révertido*
.avec préavis pour M...	.con aviso para el Sr...	*.kone avisso para el ségnor...*
.avec indication de taxe	.con coste de la llamada	*.kone kosté dé la lyamada*
Puis-je parler à M...?	¿Puedo hablar con el Sr...?	*.pouédo ablar kone el ségnor...?*
C'est moi-même	Soy yo	*soï yo*
Essayez encore SVP?	¿Puede intentarlo de nuevo, por favor?	*pouédé inntenntarlo dé nouévo, por favor?*
Je voudrais consulter l'annuaire	Quisiera consultar la guía telefónica	*kissiéra konnssoultar la guia téléfonika*
Où est l'appareil?	¿Dónde está el aparato?	*donndé esta el aparato?*
Où est la cabine?	¿Dónde está la cabina?	*donndé esta la kabina?*
Allô, ici..	Oiga, aquí...	*oïga, aki...*

Comprendre

Soy yo	*soï yo*	C'est moi
Espere un momento	*espéré oune momennto*	Ne quittez pas
Voy a ponerlo con usted	*voï a ponerlo kone oustéd*	Je vais vous le passer
Está comunicando	*esta komounikanndo*	C'est occupé
No contesta	*no konntesta*	Personne ne répond
Lo llaman por teléfono	*lo lyamane por télénofo*	On vous appelle au téléphone
No está ahora	*no esta aora*	Il est absent en ce moment
Estará de vuelta a las 5 de la tarde	*estara dé vouelta a las θinnko dé la tardé*	Il reviendra à 17 h
¿Lo puede llamar él?	*lo pouédé lyamar el?*	Est-ce qu'il peut vous rappeler?
Déjeme su número de teléfono	*Rémé sou nouméro dé téléfono*	Laissez-moi votre numéro (de tel.)
Hable después de la señal	*ablé despouésdé la ségnal*	Parlez après le bip

Comprendre les instructions
de la cabine téléphonique

Es posible efectuar
llamadas locales y
conferencias
Primero marque el
número,
pague cuando oiga a su
interlocutor

Appels locaux et longue
distance possibles

Composez d'abord le
numéro,
payez lorsque vous
entendez votre
correspondant

Tableau d'épellation

A a	Alicante	*Alikannté*
B bé	Barcelona	*Barθélona*
C θé	Cádiz	*Kadiθ*
CH tché	Chocolate	*Tchokolaté*
D dé	Diego	*Diégo*
E é	Esteban	*Estébane*
F éfé	Felipe	*Félipe*
G Ré	Germán	*Rermane*
H atché	Huelva	*Ouelva*
I i	Isabel	*Issabel*
J Rota	José	*Rossé*
K ka	Kilo	*Kilo*
L élé	León	*Léone*
LL doblé élé	Llobregat	*Iyobrégate*
M émé	Madrid	*Madrid*
N éné	Nicolás	*Nikolas*
Ñ égné	Noño	*Gnogno*
O o	Oviedo	*Oviédo*
P pé	Pablo	*Pablo*
Q kou	Quijote	*KiRoté*
R érré	Ramón	*Ramone*
S éssé	Sofía	*Sofia*
T té	Tarragona	*Tarragona*
U ou	Ulíses	*Oulissés*
V ouvé	Valencia	*Valenθia*
W doblé ouvé	Whisky	*Wiski*
X ékis	Xilófono	*Ksilofono*
Y i griéga	Yugoslavia	*Yougoslavia*
Z θéta	Zamora	*θamora*

Appeler à l'aide

Police

Police	Policía	
Où y a-t-il un agent?	¿Dónde hay un policía?	*donndé aï oune poliθia?*
Où est le poste de police?	¿Dónde está la comisaría?	*donndé esta la komissaria?*
Appelez la police!	¡Llame a la policía!	*lyamé a la poliθia!*
Ne criez pas!	¡No grite!	*no grité!*
Calmez-vous!	¡Cálmese!	*kalmméssé*
J'appelle la police	Llamo a la policía	*lyamo a la poliθia*
Je voudrais déclarer...	Quisiera hacer la declaración	*kissiéra aθer la déklaraθione*
.le vol...	.del robo...	*.del robo...*
.la perte de...	.de la pérdida de...	*.dé la perdida dé...*
.mon appareil de photo (ma caméra)	.mi cámara fotográfica	*.mi kamara fotografika*
.ma valise (mes bagages)	.mi maleta (mi equipaje)	*.mi maléta (mi ékipaRé)*
.mon sac à main	.mi bolso	*.mi bolsso*
.mon portefeuille	.mi cartera	*.mi kartéra*
.ma voiture	.mi coche	*.mi kotché*
.mon passeport (mes papiers)	.mi pasaporte (mi documentación)	*.mi passaporté (mi dokoumenntaθione)*
.mes chèques de voyage (mon argent)	.mis cheques de viaje (mi dinero)	*.mis chékés dé viaRé (mi dinéro)*
Ça s'est passé...	Ocurrió...	*okourrio...*
.dans la rue	.en la calle	*.ène la kalyé*
.dans ma chambre d'hôtel	.en mi habitación en el hotel	*.ène mi abitaθione ène el otel*
.dans ma voiture	.en mi coche	*.ène mi kotché*
.cette nuit	.esta noche	*.esta notché*
.ce matin	.esta mañana	*.esta magnana*
.hier	.ayer	*.ayer*
.à l'instant	.ahora mismo	*.aora missmo*
La vitre...	El cristal...	*el kristal...*
La porte...	La puerta...	*la pouerta...*
.est brisée	.está roto(a)	*.esta roto(a)*
J'ai été menacé(e) (frappé(e), assommé(e))	Me amenazaron, (me golpearon, me dieron un porrazo)	*mé aménaθarone, (mé golpéarone, mé diérone oune porraθo)*
Je n'ai pas vu...	No he visto...	*no é visto...*
J'ai vu...	He visto...	*é visto...*
Je peux décrire...	Puedo describir...	*pouédo deskribir...*
.mon agresseur	.a mi agresor	*.a mi agréssor*

Il est... grand (petit)	Es... alto (bajo)	ésse... alto (baRo)
.mince (fort)	.delgado (gordo)	.delgado (gordo)
.jeune	.joven	.Rovène
.c'est une femme	.es una mujer	.ésse ouna mouRer
C'est lui (elle)	Es él (ella)	ésse el (élya)
Je ne suis pas sûr(e)	No estoy seguro(a)	no estoï ségouro(a)
Je veux porter plainte	Quiero presentar una denuncia	kiéro préssentar ouna dénounnθia
J'ai besoin d'un certificat pour mon assurance	Necesito un certificado para la compañia de seguros	néθéssito oune θertifikado para la kommpagnia dé ségouros
Voici mes papiers	Aqui tiene mi documentación	aki tiéné mi dokoumenntaθione
C'est vrai	Es cierto	ésse θierto
C'est faux	No es cierto	no ésse θierto
C'est une erreur	Es un error	ésse oune error
Je suis innocent(e)	Soy inocente	soï inoθennté
Je refuse de payer	Me niego a pagar	mé niégo a pagar
Je vais payer	Voy a pagar	voï a pagar
Je voudrais téléphoner...	Quisiera llamar...	kissiéra lyamar
.à mon consulat	.a mi consulado	.a mi konnssoulado
.à mon avocat	.a mi abogado	.a mi abogado

Pompiers / Los bomberos

Ça sent le brûlé	Huele a quemado	ouélé a kémado
Ça sent le gaz	Huele a gas	ouélé a gasse
Il y a de la fumée	Hay humo	aï oumo
Il y a le feu	Hay fuego	aï fouégo
Sortons vite!	¡Fuera!	fouéra!
C'est une inondation	Es una inundación	ésse ouna inounndaθione
Appelez les pompiers	Llamen a los bomberos	lyamène a los bommbéros
Au feu!	¡Fuego!	fouégo!

Comprendre

Déje de gritar fuego	déRé dé gritar fouégo	Arrêtez de crier au feu
Calmese	kalmessé	Calmez-vous
Espere la escalera	espéré la eskaléra	Attendez la grande échelle
Están llegando los bomberos	estane lyéganndo los bommbéros	Les pompiers arrivent

54

Le corps et les maladies

La tête	La cabeza	la kabéθa
Le visage	El rostro, la cara	el **rostro**, la **kara**
Les cheveux	El pelo	el **pélo**
Un œil, les yeux	Un ojo, los ojos	oune o**R**o, los o**R**os
Un orgelet	Un orzuelo	oune orθou**é**lo
La cataracte	La catarata	la kata**rata**
La myopie	La miopía	la miop**ï**a
La paupière	El párpado	el **parp**ado
Les sourcils	Las cejas	las θé**R**as
Le nez	La nariz	la nariθ
La narine	La aleta	la al**é**ta
Un rhume	Un catarro	oune ka**tarro**
Une sinusite	Una sinusitis	ouna sinou**ssitis**
La joue	la mejilla	la mé**Ri**lya
Le menton	La barbilla	la bar**bil**ya
La bouche	La boca	la **boka**
La (les) lèvre(s)	El (los) labio(s)	el (los) **labio(s)**
.supérieure	.superior	.soup**é**rior
.inférieure	.inferior	.inn**f**érior
La langue	La lengua	la **lenn**goua
La gorge	La garganta	la gar**gann**ta
Les amygdales	Las amígdalas	las **amíg**dalas
Un mal de gorge	Un dolor de garganta	oune do**lor** dé gar**gann**ta
Une angine	Una angina	ouna ann**R**ina
Les dents	Los dientes	los **dienn**tés
Une carie	Una carie	ouna ka**rié**
Un pansement	Un apósito	ouna apo**ssito**
Un plombage	Un empaste	oune emm**pasté**
Un bridge	Un puente	oune **pouenn**té
Une rage de dents	Un dolor de muelas	oune do**lor** dé mou**é**las
La mâchoire	La mandíbula	la mann**di**boula
Le crâne	El cráneo	el **kran**éo
Un traumatisme	Un traumatismo	oune traouma**tismo**
Une simple bosse	Una pequeña protuberancia	ouna pé**kég**na protoubé**rann**θia
Le cerveau	El cerebro	el θé**ré**bro
Une encéphalite	Una encefalitis	ouna ennθé**falitis**
Des convulsions	Convulsiones	konnvoul**siones**
Le cou	El cuello	el **kou**élyo
Le tronc	El tronco	el **tronn**ko
La poitrine	El pecho	el **pét**cho
Les seins	Los senos	los **sé**nos
L'aisselle	El sobaco	el so**bako**
Le ventre	El vientre, la barriga	el **vienn**tré, la ba**rriga**
Le nombril	El ombligo	el ommb**ligo**

Le cœur	El corazón	*el koraθone*
Une veine	Una vena	*ouna véna*
Une artère	Una arteria	*ouna artéria*
Le pouls	El pulso	*el poulsso*
.lent	.lento	*.lennto*
.rapide	.rápido	*.rapido*
.irrégulier	.irregular	*.irrégoular*
.faible	.débil	*.dégil*
Des palpitations	Palpitaciones	*.palpitaθiones*
Un infarctus	Un infarto	*oune innfarto*
Le sang	La sangre	*la sanngré*
Une hémorragie	Una hemorragia	*ouna émorraRia*
Les poumons	Los pulmones	*los poulmonés*
La trachée	La traquea	*la trakéa*
Les bronches	Los bronquios	*los bronnkios*

Respirer

La respiración

Le souffle	El soplo	*el soplo*
.court	.corto	*.korto*
La toux	La tos	*la tosse*
Une trachéite	Una traquéitis	*ouna trakéitis*
Une bronchite	Una bronquitis	*ouna bronnkitis*
.chronique	.crónica	*.kronika*
Une pleurite	Una pleuritis	*ouna pléouritis*
Une congestion	Una congestión pulmonar	*ouna konngestione poulmonar*
Une pneumonie	Una pulmonía	*ouna poulmonia*
La tuberculose	La tuberculosis	*la touberkoulossis*
Un nerf	Un nervio	*oune nervio*
Un ganglion	Un ganglio	*oune gannglio*
L'œsophage	El esófago	*el essofago*
L'estomac	El estómago	*el estomago*
Un ulcère	Una úlcera	*ouna oulθéra*
Le foie	El hígado	*el igado*
Une crise de foie	Una crisis de higado	*ouna krissis dé igado*
Une hépatite virale	Una hepatitis viral	*ouna épatitis viral*
La bile	La bilis	*la bilis*
Le pancréas	El páncreas	*el pannkréas*
La rate	El bazo	*el baθo*
L'intestin	El intestino	*el inntestino*
Une bonne (mauvaise) digestion	Una buena (mala) digestión	*ouna bouéna (mala) diRestione*
Une diarrhée	Una diarrea	*ouna diarréa*
Des hémorroïdes	Almorranas	*almorranas*

Les membres

Los miembros

Le bras	El brazo	*el braθo*
L'avant-bras	El antebrazo	*el anntébraθo*
Le coude	El codo	*el kodo*
Le poignet	La muñeca	*la mougnéka*

La main	La mano	*la* **mano**
la paume	La palma	*la* **palma**
Le pouce	El pulgar	*el* **poulgar**
Les doigts	Los dedos	*los* **dédos**
Les ongles	Las uñas	*las* **ougnas**
Un panari	Un panadizo, un uñero	*oune panadiθo, oune ougnéro*
Un ongle incarné	Una uña encarnada	*ouna ougna ennkarnada*
La jambe	La pierna	*la* **pierna**
La hanche	La cadera	*la* **kadéra**
La cuisse	El muslo	*el* **mousslo**
Le genou	La rodilla	*la* **rodilya**
Le mollet	La pantorrilla	*la* **panntorrilya**
La cheville	El tobillo	*el* **tobilyo**
Le pied	El pie	*el* **pié**
Le talon	El talón	*el* **talone**
La plante du pied	La planta del pie	*la* **plannta** *del* **pié**
L'orteil	El dedo del pie	*el* **dédo** *del* **pié**
Le gros orteil	El dedo gordo	*el* **dédo gordo**
Un os	Un hueso	*oune* **ouésso**
Une fracture	Una fractura (rotura)	*ouna* **fraktoura** *(rotoura)*
Une articulation	Una articulación	*ouna artikoula*θ**ione**
Une entorse	Un esguince	*oune* **esguinn**θ*é*
Un ligament	Un ligamento	*oune* **ligamennto**
Une déchirure ligamentaire	Un desgarrón ligamentoso	*oune* **desgarrone** *ligamenn***tosso**
Une foulure	Una torcedura	*ouna tor*θ*é***doura**
Une luxation	Una luxación	*ouna loucsa*θ**ione**
La clavicule	La clavícula	*la* **klavikoula**
Le fémur	El fémur	*el* **fémour**
Le col du fémur	El cuello del fémur	*el* **kouélyo** *del* **fé***mour*
Le tibia	La tibia	*la* **tibia**
Une côte	Una costilla	*ouna kos***tilya**
La colonne vertébrale	La columna vertebral	*la* **koloumna** *verté***bral**
Une vertèbre	Una vértebra	*ouna* **vertébra**
Un disque	Un disco	*oune* **disko**
Un nerf pincé	Un nervio encogido	*oune* **nervio** *ennko***Rido**
La moelle épinière	La médula espinal	*la* **médoula** *espi***nal**
Le coccyx	El cóccix	*el* **kok**θ*iks*
Le dos	La espalda	*espalda*
Les fesses	Las nalgas	*las* **nalgas**
La nuque	La nuca	*la* **nouka**
Un muscle	Un músculo	*oune* **mousk***oulo*
Une élongation	Una elongación	*ouna élonnga*θ**ione**
Une déchirure	Un desgarrón	*oune* **desgarrone**
La peau	La piel	*la* **piel**
Un bouton	Un grano	*oune* **grano**

57

Une irritation	Une irritación	*oune irritaθione*
Une rougeur	Unas manchas rojas	*ounas **mann**tchas **ro**Ras*
Une ampoule	Una ampolla	*ouna amm**polya***
Un furoncle	Un forúnculo	*oune fo**rounn**koulo*
Un abcès	Un flemón	*oune flé**mone***
Une brûlure	Una quemadura	*ouna ké**ma**doura*
Un coup de soleil	Una quemadura de sol	*ouna ké**ma**doura dé **sol***
Le teint...	El cutis...	*el **kout**is...*
·coloré	·colorado	*·kolo**rado***
·pâle	·pálido	*·**pa**lido*
La sueur	El sudor	*el sou**dor***
Des grains de beauté	Lunares	*louna**rès***

Assurance touristique espagnole

L'A.S.T.E.S., assurance touristique espagnole, créée spécialement puor les étrangers par les Pouvoirs Publics espagnols, vous sera d'une grande utilité en cas de problèmes sur le territoire. On peut l'obtenir en France et en Espagne ainsi qu'aux postes frontières. Elle est délivrée par tous ls assureurs, les agences de voyages (Mélia, Havas...), les banques espagnoles ou le Crédit du Nord, la Délégation Générale A.S.T.E.S.: Banco de Bilbao, 29 avenue de l'Opéra, 75009 Paris, ainsi que par tous les bureaux de tourisme espagnols.

Cette assurance couvre les touristes par l'assistance sanitaire à la suite de maladie ou d'accident. Illimitée, elle englobe: les services médicaux et sanitaires, séjours en clinique de première catégorie, transufsions, analyses, séjour gratuit en clinique de l'accompagnateur de votre choix, rapatriement gratuit du véhicule et de tous ses occupants, indemnisations pour vol de bagages, versement de cautions et défense juridique.

Les polices A.S.T.E.S. peuvent être souscrites quel que soit le moyen de transport.

Trouver un médecin

Pouvez-vous m'indiquer...	¿Puede usted indicarme...	*poué*dé *ous*téd *innd*i*karmé*...
.un bon médecin?	.un buen médico?	.oune **bouéne** **mé**diko?
.un bon dentiste?	.un buen dentista?	.oune **bouéne** dennt**ista**?
.une pharmacie?	.una farmacia?	.ouna farmaθia?
.l'hôpital le plus proche?	.el hospital más cercano?	.el ospi**tal** mas θer**kano**?
J'ai besoin d'un...	Necisito un...	néθ**éssito** oune
Appelez vite un médecin	Rapido, llame a un médico	**rapido** **lya**mé a oune **mé**diko
Allô, docteur?	¿Oiga, doctor?	**oiga**, dok**tor**?
Pouvez-vous venir...	¿Puede usted venir...	*poué*dé *ous*téd *vénir*
.tout de suite?	.ahora mismo?	.aora **mis**mo?
.aujourd'hui	.hoy?	.oi?
.cette nuit?	.esta noche?	.**esta** **not**ché?
Parlez-vous français?	¿Habla usted francés?	abla ous**téd** frannθ**és**?
C'est urgent	Es urgente	ésse our**Renn**té
Ce n'est pas très grave	No es muy grave	**no** ésse **moui** gravé
Je suis inquiet(e)	Estoy preocupado(a)	estoï préokoupa**do**(a)
Je suis (mon enfant, ma femme, mon ami(e) est) malade	Estoy (mi hijo(a), mi mujer, mi amigo(a) está) enfermo(a)	estoï (mi i**Ro**(a), mi mou**Rer**, mi amigo(a) esta) enn**fermo**(a)
Je voudrais un rendez-vous	Quisiera pedir hora	kiss**ié**ra **pé**dir **o**ra

Chez le médecin

Décrire ses symptômes

Je suis malade
J'ai chaud (froid)
Je transpire
J'ai de la fièvre
J'ai eu un accès de fièvre
J'ai des courbatures
J'ai une douleur
J'ai mal... ici
.à mon...
Je suis fatigué(e)
Je suis épuisé(e)
Je me suis évanoui
J'ai des insomnies
Je me sens déprimé(e)
Je dors mal
J'ai le vertige
J'ai des troubles
.de la vue
.de l'ouïe
Je tousse
J'étouffe
Je vomis (de la bile)
Je crache (du sang)
J'ai la diarrhée
Je suis constipé(e)
Je saigne du nez

J'ai un coup de soleil

Los sintomas

Estoy enfermo(a)
Tengo calor (frio)
Sudo
Tengo fiebre
He tenido un acceso de fiebre
Tengo agujetas
Tengo un dolor
Me duele... aquí
.mi...
Estoy cansado(a)
Estoy agotado(a)
Me he desmayado
Tengo insomnio
Me siento deprimido(a)
Duermo mal
Tengo vértigo
Tengo trastornos
.de la vista
.del oído
Tengo tos
Sofoco
Vomito (bilis)
Escupo (sangre)
Tengo diarrea
Estoy estreñido(a)
Echo sangre por la nariz
Tengo quemaduras de sol

estoï ennfermo(a)
tenngo kalor (frio)
soudo
tenngo fiébré
é ténido oune akθésso dé fiébré
tenngo agouRétas
tenngo oune dolor
me douélé... aki
.mi...
estoï kannssado(a)
estoï agotado(a)
mé é desmayado
tenngo innssommnio
mé siennto déprimido(a)
douermo mal
tenngo vertigo
tenngo trastornos
.dé la vista
.del oído
tenngo tosse
sofoko
vomito (bilis)
eskoupo (sanngré)
tenngo diarréa
estoï estrégnido(a)
étcho sanngré por la nariθ
tenngo kémadouras dé sol

Votre histoire personnelle

Je suis diabétique (hypertendu(e))
Je suis allergique à certains médicaments
J'ai des allergies
J'ai le rhume des foins
Il m'arrive d'avoir des crises d'épilepsie

Antecedentes clinicas

Soy diabético(a) (hipertenso)(a)
Ciertas medicinas me dan alergia

Tengo alergias
Tengo rinitis alérgica
A veces tengo ataques epilépticos

soï diabétiko(a) ipertennsso)(a)
θiertas médiθinas mé dane alerRia

tenngo alerRias
tenngo rinitis alerRika

a véθés tenngo atakés épileptikos

J'ai des rhumatismes	Tengo reuma	*tennggo reuma*
Je suis enceinte...	Estoy embarazada...	*estoï emmbaraθada*
.de... mois	.de... meses	*.dé... méssés*
Voici les médicaments que je prends régulièrement	Aquí tiene las medicinas que suelo tomar	*aki tiéné las médiθinas ké souélo tomar*

Comprendre

Desvístase por favor	*desvistassé, por favor*	Déshabillez-vous svp
Quítese esto	*kitéssé to*	Retirez ceci
Súbase la manga	*soubassé la mannga*	Retroussez votre manche
Siéntese	*sienntésse*	Asseyez-vous
Echese aní	*étchéssé aï*	Allongez-vous ici
Siéntese de nuevo	*sienntéssé dé nouévo*	Rasseyez-vous
Respire profundamente	*respiré profundamennté*	Respirez profondément
No respire	*no respiré*	Ne respirez pas
Tosa	*tossa*	Toussez
Otra vez	*otra veθ*	Encore
¿Cuánto tiempo lleva usted sintiéndose asi?	*kouannto tiemmpo lyéva oustéd sinntienndossé assi?*	Depuis combien de temps êtes-vous comme ceci?
.ha tenido usted este dolor?	*.a ténido oustéd esté dolor?*	.ressentez-vous cette douleur?
¿Le duele cúando aprieto aquí?	*lé douélé kouanndo apriéto aki?*	Est-ce que ça fait mal quand j'appuie ici?
¿Tiene fiebre (calentura)?	*tiéné fiébré (kalenntoura)*	Avez-vous de la fièvre?
¿Cúanto?	*kouannto?*	Combien?
Tómese la temperatura	*tomésse la températoura*	Prenez votre température
¿Toma usted medicinas?	*tomé oustéd médiθinas?*	Prenez-vous des médicaments?
Enséñnemelos	*ennsségnémélos*	Montrez-les-moi

Blessure	**Herida**	
C'est une...	Es una...	*ésse ouna*
.coupure	.corte	*.korté*
.blessure	.herida	*.érida*
.écorchure	.desolladura	*.déssolyadoura*
.brûlure	.quemadura	*.kémadoura*
C'est enflé	Está hinchado	*esta inntchado*

Ça fait mal	Me duele	*mé douélé*
C'est infecté	Está infectado	*ésta innfektado*

Comprendre le diagnostic

Su hijo tiene...	*sou iRo tiéné...*	Votre enfant a...
.tos ferina	*.tosse férina*	.la coqueluche
.paperas (parotiditis)	*.papéras (parotiditis)*	.les oreillons
.sarampión	*.sarammpione*	.la rougeole
.rubéola	*.roubéola*	.la rubéole
.escarlatina	*.eskarlatina*	.la scarlatine
.varicela	*.variθéla*	.la varicelle
Es...	*ésse...*	C'est...
.sólo un resfriado	*.solo oune resfriado*	.un simple refroidissement
.un pequeño constipado	*.oune pékégno konnstipado*	.un simple rhume
.gripe	*.gripé*	.la grippe
.una intoxicación alimentica	*.ouna inntoksikaθione alimennti θia*	.une intoxication alimentaire
.una crisis de apendicitis	*.ouna krissis dé apendiθitis*	.une crise d'appendicite
.una alergia a...	*.ouna alerRia a...*	.une allergie à...
.no es nada como para preocuparse	*.no ésse nada komo para préokouparssé*	.ce n'est rien de grave
Puede seguir viajando	*pouédé séguir viaRanndo*	Vous pouvez continuer votre voyage
Debe quedarse en cama	*débé kédarssé éne kama*	Il faut garder le lit
.durante (ocho) días	*.dourannté (otcho) dias*	.(huit) jours
Tendrá que hacer análisis...	*tenndra ké aθer analissis...*	Il faut procéder à des examens...
.de sangre, heces, orina	*.dé sanngré, éθés, orina*	.de sang, de selle, d'urine
Es bastante grave	*ésse bastannté gravé*	C'est assez sérieux
Es contagioso	*ésse konntaRiosso*	C'est contagieux
Quiero que vaya usted al hospital	*kiéro ké vaya oustéd al ospital*	Il faut aller à l'hôpital
Es preciso operarle con toda urgencia	*ésse préθisso opérarlé kone toda ourRennθia*	Il faut vous opérer d'urgence
Tiene que descansar	*tiéné ké deskannssar*	Il faut vous reposer

Voy a ponerle una inyección	*voí a ponerlé ouna innyek θione*	Je vais vous faire une piqûre
Le voy a recetar	*lé voí a ré θétar*	Je vais vous faire une ordonnance
Tiene que tomar...	*tiéné ké tomar...*	Il faut prendre...
.una cucharada	*.ouna koutcharada*	.une cuillérée
.una tableta	*.ouna tabléta*	.un comprimé
.una cápsula	*.ouna kapsoula*	.une gélule
.una vez (dos veces) al día	*.ouna ve θ (dos vé θés) al dia*	.une (deux) fois par jour
Por la mañana	*por la magnana*	Le matin
Al mediodía	*al médiodia*	A midi
Por la noche	*por la notché*	Le soir
Durante (antes de, después de) las comidas	*dourannté (antés dé, despoués dé) las komidas*	Pendant (avant, après) les repas
Son antibióticos	*sone anntibiotikos*	Ce sont des antibiotiques
¿Es usted alérgico?	*ésse oustéd alerRiko?*	Etes-vous allergique?

Comprendre

No es nada grave	*no ésse nada gravé*	Ce n'est rien de grave
Voy a poner...	*voï a poner...*	Je vais mettre...
.un apósito	*.oune apossito*	.un pansement
.une venda	*.ouna vennda*	.une bande
Hay que hacer una incisión	*aï ké assère ouna innsi θion*	Il faut inciser
Intente moverse	*inntennté moverssé*	Essayez de bouger
¿Le duele?	*lé douélé?*	Ça fait mal?
¿Le vacunaron contra el tétanos?	*lé vakounarone konntra el tétanos?*	Etes-vous vacciné contre le tétanos?
¿Cúando le vacunaron?	*kouanndo lé vakounarone?*	Quand avez-vous été vacciné?
¿Cúando le dieron la revacunación?	*kouanndo lé diérone la révakouna θione?*	Quand avez-vous reçu un rappel?
Le voy a inyectar un suero	*lé voï a innyektar oune souéro*	Je vais vous injecter un sérum
Quiéro que le hagan una radiografía	*kiéro ké lé agane ouna radiografia*	Il faut faire une radio

Chez le dentiste

Je voudrais un rendez-vous le plus tôt possible	Quisiera pedir hora cuanto antes	*kissiéra pédir ora kouannto antés*
J'ai très mal...	Me duele (n) mucho...	*mé douélé (ne) moutcho*
.aux gencives	.las encías	*.las ennθias*
.à une dent	.un diente	*.oun diennté*
.en haut, en bas	.arriba, abajo,	*.arriba abaRo*
.à gauche, à droite	.a la izquierda, a la derecha	*.a la iθkierda, a la dérétcha*
J'ai perdu un plombage	He perdido un empaste	*é perdido oune emmpasté*
La couronne est tombée	Se me ha caído la corona	*sé mé a kaïdo la korcna*
J'ai cassé mon dentier	Se me ha roto la dentadura	*sé mé a roto la denntadoura*
N'y a-t-il pas une autre solution?	¿No queda más remedio?	*no kéda mas rémédio*
D'accord, arrachez-la	De acuerdo, sáquemela	*dé akouerdo sakéméla*
Non, je refuse que vous l'arrachiez	No, no quiero que me la saque	*no, no kiéro ké mé la saké*

Comprendre

¡Abra la boca!	*abra la boka!*	Ouvrez la bouche!
¡Enjuáguese, escupa!	*ennRouaguéssé, eskoupa!*	Rincez-vous, crachez!
Es una caries	*ésse ouna kariés*	C'est une carie
Le voy...	*lé voï...*	Je vais...
.a poner una inyección	*.a poner ouna innyekθione*	.vous faire une piqûre
.a poner un empaste provisional	*.a poner oune emmpasté provissional*	.mettre un pansement provisoire
.empastar la caries	*.emmpastar la kariés*	.obturer la carie
.quitar el empaste	*.kitar el emmpasté*	.enlever ce pansement
.desvitalizar la muela	*.desvitaliθar la mouéla*	.dévitaliser la dent
Tengo que sacar esta muela	*tenngo ké sakar esta mouéla*	Il faut arracher cette dent
Le voy a tomar una radio	*lé voï a tomar ouna radio*	Je vais vous faire une radio
Es un flemón	*ésse oune flémone*	C'est un abcès

64

Esto le va a doler un poco	*esto lé va a doler oune poko*	Cela va vous faire un peu mal
Ya está acabado	*ya esta akabado*	C'est fini

Chez l'opticien

Où y a-t-il un opticien?	¿Dónde hay un óptico?	*donndé aï oune optiko?*
J'ai perdu...	He perdido...	*é perdido*
J'ai cassé...	Se me ha(n) roto	*sé mé a(ne) roto*
.mes lunettes	.(mis) (las) gafas	*.(mis) (las) gafas*
.un verre de lunettes	.un lente	*.oune lennté*
.la monture	.la montura	*.la monntoura*
.mes lentilles de contact	.los lentes de contacto	*.los lenntés dé konntakto*
Pouvez-vous les réparer?	¿Puede usted arreglarlas(os)?	*pouede ousted arreglarlas(os)?*
Voici la formule...	Aqui tiene la fórmula...	*aki tiéné la formoula*
Je n'ai pas la formule	No tengo la fórmula	*no tenngo la formoula*
Voici les morceaux...	Aqui tiene los pedazos...	*aki tiéné los pédaθos...*
.du verre cassé	.del cristal roto	*.del kristal roto*
Je suis...	Soy...	*soï...*
.myope	.miope	*.miopé*
.presbyte	.présbita	*.presbita*
.astigmate	.astigmático(a)	*.astigmatiko(a)*
.hypermétrope	.hipermétrope	*.ipermétropé*
Je voudrais...	Quisiera...	*kissiéra*
.des verres colorés	.lentes ahumados	*.lenntés aoumados*
.filtrants	.filtrantes	*.filtranntés*
.polarisants	.polarizantes	*.polariθanntés*
.des lunettes de soleil	.gafas de sol	*.gafas dé sol*
Je prendrai celles-ci	Tomaré éstas	*tomaré estas*
Quand seront-elles prêtes?	¿Cuándo estarán listas?	*kouanndo estarane listas*
J'ai une ordonnance	Tengo una receta	*tenngo ouna réθéta*

Comprendre

Mire aqui	*miré aki*	Regardez ici
Ponga la barbilla aqui y mire al fondo	*ponnga la barbilya aki i miré al fonndo*	Mettez le menton ici et regardez au fond
Lea este tablero	*léa esté tabléro*	Lisez ce panneau

A la pharmacie

Français	Español	Prononciation
Où y a-t-il une pharmacie (de garde)?	¿Dónde hay una farmacia (de guardia)?	*donn*dé aï ouna farma*θ*ia (dé *gouar*dia)?
J'ai mal à la tête	Me duele la cabeza	mé *doué*lé la kabé*θ*a
Je voudrais de l'aspirine	Quisiera aspirina	kissié*ra* aspirina
J'ai mal au ventre	Me duele el vientre	mé *doué*lé el vientré
J'ai la diarrhée	Tengo diarrea	*tenn*go diarréa
Je suis constipé(e)	Estoy estreñido(a)	estoï estrégnido(a)
J'ai des nausées	Tengo náuseas	*tenn*go naousséas
Je voudrais un test de grossesse	Quisiera un test del embarazo	kissié*ra* oune *test* dél emmbara*θ*o
Je voudrais des pilules anticonceptionnelles	Quisiera pildoras anticonceptivas	kissié*ra* *pildoras* anntikonn*θ*eptivas
Voici ce que j'utilise d'habitude	Aquí tiene las que suelo usar	aki tiéné las ké *soué*lo oussar
Avez-vous la même chose?	¿Tiene usted lo mismo?	tiéno oustéd lo *miss*mo?
J'ai une ordonnance	Tengo una receta	*tenn*go ouna ré*θé*ta
Je n'ai pas d'...	No tengo...	*no tenn*go...
Faut-il une...?	¿Necesito...?	né*θé*ssito?
Donnez-moi quelque chose pour...	Déme algo para...	*dé*mé algo para...
.la peau	.la piel	.la *piè*le
.le soleil	.el sol	.el *sol*
.les oreilles	.los oídos	.los *oï*dos
.les yeux	.los ojos	.los o*Ro*s
.la gorge	.la garganta	.la gar*gann*ta
Je voudrais...	Quisiera...	kissié*ra*...
.du sparadrap	.esparadrapo	.esparad*ra*po
.de l'alcool	.alcohol	.alko*hol*
.un thermomètre	.un termómetro	.oune termo*mé*tro
.des tampons périodiques	.tampones periódicos	.tamm*po*nés périodikos
.des serviettes hygiéniques	.paños higiénicos	.pagnos i*Rié*nikos

A l'hôpital

Français	Español	Prononciation
Où est l'entrée des urgences?	¿Dónde está la entrada de las urgencias?	**donndé** esta la **enntrada dé** las **ourRenn**θias
J'amène un malade (un blessé)	Traigo a un enfermo (herido)	**traïgo** a oune **ennfermo (érido)**
J'ai une ordonnance	Tengo una receta	**tenngo** ouna ré**θéta**
.pour des examens	.para unos reconocimientos médicos	.**para** ounos rékono**θimienntos médikos**
.pour une radio	.para una radiografía	.**para** ouna radiografia
Où se trouve...	¿Dónde está...	**donndé** esta...
.le service de...	.el departamento de...	.el dé**partamenn**to dé...
.la consultation de...	.la consulta de...	.la **konnsoulta** dé
.radiologie	.radiología	.radiolo**Ria**
.ophtalmologie	.oftalmología	.oftalmolo**Ria**
.pédiatrie	.pediatría	.pédia**tria**
.gynécologie	.ginecología	.Rinékolo**Ria**
.gériatrie	.geriatría	.Réria**tria**
.pneumologie	.neumología	.néoumolo**Ria**
.dermatologie	.dermatología	.dermatolo**Ria**
.podologie	.podología	.podelo**Ria**
.cardiologie	.cardiología	.kardiolo**Ria**
.gastroentérologie	.gastroenterología	.gastroenntérolo**Ria**
Pouvez-vous me dire dans quelle chambre se trouve M.Muñoz?	¿Puede usted decirme en qué habitación se encuentra el Sr Muñoz?	**pouédé oustéd** dé**θirmé** ène ké abita**θione** sé enn**kouenn**tra el **ségnor** mougno**θ**?
Il a été admis...	Llegó...	**lyégo**
.hier	.ayer	.a**yère**
.cette nuit	.esta noche	.**esta not**ché
.ce matin	.esta mañana	.**esta** magnana
Je voudrais voir le médecin qui s'occupe de lui (d'elle)	Quisiera ver al médico encargado de él (ella)	.kissiéra ver al **médiko** enn**kargado** dé **él (élya)**
Est-ce grave, Docteur?	¿Es grave, Doctor?	**ésse gravé, doktor**?
Quand pourra-t-il...	¿Cúando podrá...	**kouann**do podra...
Quand pourrai-je...	¿Cúando podré...	**kouann**do podré...
.sortir?	.salir.	.**salir**?
Dois-je payer?	¿Tengo que pagar?	**tenn**go ké pa**gar**?
Comment dois-je faire pour être remboursé en France (Belgique, Suisse)?	¿Qué tengo que hacer para que me devuelvan el dinero en Francia (Bélgica, Suiza)?	**ké tenn**go ké a**θer para** ké mé dé**vouel**vane el di**néro** en frann**θ**ia (**belRika, soui**θa)?

Acheter

Je voudrais acheter (voir) ceci	Quiesiera comprar (ver) esto	*kissiéra kommprar (ver) ésto*
Pouvez-vous me montrer ceci?	¿Puede usted enseñarme esto?	*pouédé oustéd ennsségnarmé ésto?*
Je ne fais que regarder	Estoy sólo mirando	*estoï solo miranndo*
Avez-vous...	¿Tiene usted...	*tiéné oustéd...*
.une autre sorte?	.otra clase?	*.otra klassé?*
.une autre couleur?	.otro color?	*.otro kolor?*
.une autre taille?	.otra talla?	*.otra talya?*
Je le voudrais en...	Lo quisiera en...	*lo kissiéra ène...*
.rouge, bleu, vert...	.rojo, azul, verde...	*.roRo, aθoul, verdé*
.plus grand (petit, large)	.más grande, (pequeño, ancho)	*.mas granndé (pékégno, anntcho)*
.moins cher	.mas barato	*.mas barato*
Combien est-ce?	¿Cuanto es?	*kouannto ésse?*
Ecrivez le prix, svp	Escriba el precio, por favor	*eskriba el préθio, por favor*
Acceptez-vous...	¿Acepta usted...	*aθepta oustéd...*
.les francs?	.francos?	*.frannkos?*
.les chèques de voyage?	.cheques de viaje?	*.tchékés dé viaRé?*
.les cartes de crédit?	.tarjetas de crédito?	*.tarRétas dé krédito?*
.les eurochèques?	.los eurocheques?	*.los éourotchékés?*
J'hésite	Voy a pensarlo	*voï a pennssarlo*
Je reviendrai	Volveré	*volvéré*
Je (ne) le prends (pas)	(No) lo tomo	*(no) lo tomo*
Merci, au revoir	Gracias, hasta luego	*graθias, asta louégo*

Comprendre

¿Puedo ayudarle?	*pouédo ayoudarlé?*	Puis-je vous aider?
¿Qué desea usted?	*ké désséa oustéd?*	Que désirez-vous?
No tenemos más que esto	*no ténémos mas qué ésto*	Nous n'avons que celui-ci
Ya no tenemos	*ya no ténémos*	Nous n'en avons plus
Lo tendremos dentro de poco	*lo tenndrémos denntro dé poko*	Nous en aurons bientôt
Pague en caja, por favor	*pagué ène kaRa por favor*	Payez à la caisse svp

Service

	Servicia	
A quelle heure...	¿A qué hora...	*a ké ora...*
Quel jour...	¿Qué día...	*ké dia...*
.ouvre...	.abre...	*.abré...*
.ferme...	.cierra...	*.θiérra...*
.ce bureau?	.esta oficina?	*.esta ofiθina?*
.cette boutique?	.esta tienda?	*.esta tiennda?*
J'ai cassé...	He roto...	*é roto...*
Pouvez-vous réparer?	¿Puede usted arreglar?	*pouédé oustéd arréglar?*
J'ai perdu...	He perdido...	*é perdido...*
Pouvez-vous remplacer...?	¿Puede usted cambiar...?	*pouédé oustéd kammbiar?*
Quand est-ce que ce sera prêt?	¿Cúando estará listo?	*kouanndo estara listo?*
Quand dois-je revenir?	¿Cúando tengo que volver?	*kouanndo tenngo ké volver?*
Avez-vous de la monnaie...?	¿Tiene usted suelto...?	*tiéné oustéd souelto...?*
.pour l'appareil?	.para la máquina?	*.para la makina?*
Où dois-je signer?	¿Dónde tengo que firmar?	*donndé tenngo ké firmar?*
Pouvez-vous me rembourser?	¿Puede usted devolverme el dinero?	*pouédé oustéd dévolvermé el dinéro?*

Vêtements mixtes

	Prendas unisex	
Je voudrais...	Quisiera...	*kissiéra...*
Montrez-moi...	Enséñeme...	*ennsségnémé...*
.un pantalon	.unos pantalones	*.ounos panntalonés*
.un jean	.unos pantalones vaqueros	*.ounos panntalonés vakéros*
.une salopette	.un mono	*.oune mono*
.un short	.unos pantalones cortos	*.ounos panntalonés .kortos*
.un pull	.un jersey	*.oune Rersséi*
.un sweatshirt	.una camiseta de mangas largas	*.oune kamisséta dé manngas largas*
.un T-shirt	.una camiseta	*.ouna kamisséta*
.des chaussettes	.unos calcetines	*.ounos kalθétinés*
.un survêtement	.un chandal	*.oune tchanndal*
.un chapeau	.un sombrero	*.oune sommbréro*
.une casquette	.una gorra	*.ouna gorra*
.une robe de chambre	.una bata	*.ouna bata*
.un pardessus	.un abrigo	*.oune abrigo*
.un imperméable	.un impermeable	*.oune immperméable*
.des sous-vêtements (pour homme, pour femme)	.ropa interior (para hombre, para mujer)	*.ropa inntérior (para ommbré, para mouRer)*

.des gants	.unos guantes	.*ounos **gouann**tés*
.une ceinture	.un cinturón	.*oune* θ*inntou**rone***
.une écharpe	.una bufanda	.*ouna bou**fann**da*
.un foulard	.una pañoleta	.*ouna pagno**léta***
.des bretelles	.unos tirantes	.*ounos ti**rann**tés*
.des mouchoirs	.unos pañuelos	.*ounos pagnou**élos***
.un tablier	.un delantal	.*oune délann**tal***

Vêtements féminins

Prendas femeninas

Je voudrais...	Quisiera...	*ki**ssié**ra...*
Montrez-moi...	Enseñeme...	*enn**ssé**gné**mé...***
.une robe	.un vestido	.*oune ves**tido***
.une jupe	.una falda	.*ouna **fal**da*
.un tailleur	.un traje chaqueta	.*oune tra*Ré* tchak**éta***
.le même que celui de la vitrine	.el mismo que el del escaparate	.*el mi**ss**mo **ké el** del eska**para**té*
.une blouse	.una blusa	.*ouna **blou**ssa*
.un slip (dames)	.una braga	.*ouna **bra**ga*
.un soutien-gorge	.un sostén	.*oune sos**tène***
.une gaine	.una faja	.*ouna* fa*Ra*
.une combinaison	.unas enaguas	.*ounas éna**gouas***
.de la lingerie (sexy)	.picardías	.*pikar**diyas***
.une chemise de nuit	.un camisón	.*oune kami**ssone***
.des bas	.unas medias	.*ounas **mé**dias*
.des collants	.unos leotardos	.*ounos léo**tar**dos*
.un maillot de bain (deux pièces)	.un traje de baño (un bikini)	.*oune tra*Ré* dé **ba**gno (oune bi**ki**ni)*

Vêtements masculins

Prendas masculinas

.un complet	.un traje	.*oune tra**Ré***
.le même que Juan Carlos	.el mismo que Juan Carlos	.*el mi**ss**mo ké **Rouane Kar**los*
.un veston	.una chaqueta	.*ouna tchak**éta***
.un pantalon	.unos pantalones	.*ounos pannta**lo**nés*
.un gilet	.un chaleco	.*oune tchal**éko***
.un smoking	.un esmoquín	.*oune esmo**kine***
.une chemise	.una camisa	.*ouna ka**mi**ssa*
.un slip (caleçon)	.unos calzoncillos	.*ounos kal*θ*onn*θ*iyos*
.un pyjama	.un pijama	.*oune pi**Ra**ma*
.une cravate	.una corbata	.*ouna kor**ba**ta*
.un nœud papillon	.una pajarita	.*ouna pa**Ra**rita*
.un maillot de bain	.un traje de baño	.*oune tra*Ré* dé **ba**gno*
C'est pour... moi	Es para... mí	*é**sse** para... **mi***
.un(e) ami(e)	.un(a) amigo(a)	.*oune(a) a**mi**go(a)*
.un enfant	.un niño	.*oune **nig**no*
.un garçonnet	.un muchacho	.*oune mout**cha**tcho*

70

.une fillette	.una muchacha	.*ouna* mou*tchatcha*
Il (elle) est plus... grand(e), petit(e) mince, fort(e) que moi (vous)	Es más... alto(a), bajo(a), delgado(a) gordo(a) que yo (usted)	*ésse **mas** alto(a), ba*Ro*(a), **délgado**(as), **gordo**(a) ké **yo** (ous**téd**)*
La même taille que...	La misma talla qué...	*la missma **talya** ké...*
.moi (vous)	.yo (usted)	***yo** (ous**téd**)*
.ce monsieur	.este señor	*.esté **ségnor***
.cette dame	.esta señora	*.esta **ségnora***
Je voudrais l'essayer	Quisiera probarlo(la)	*ki**ssiéra** probarlo(la)*
Où est la cabine?	¿Dónde está el probador?	*donn**dé** esta el probador?*
Cela va	Está bien	*esta **biène***
Est-ce que ça me va?	¿Me sienta bien?	*mé **siennta biène**?*
Cela ne va pas	No está bien	***no esta biène***
C'est trop grand (petit, serré, large)	Es demasiado grande (pequeño, estrecho, ancho)	*ésse dé**massiado** grann**dé** (pé**kégno**, estré**tcho**, ann**tcho**)*
Pouvez-vous retoucher...	¿Puede usted retocar...	*poué**dé** ous**téd** réto**kar***
.la manche?	.la manga?	*.la **mannga**?*
.le col?	.el cuello?	*.el **kouélyo***
.les revers?	.las vueltas?	*.las **voueltas***
.la poche?	.el bolsillo?	*.el bol**ssilyo**?*
.les boutons?	.los botones?	*.los boto**nés**?*
.la boutonnière?	.el ojal?	*.el o**Ral**?*
.la doublure?	.el forro?	*.el **forro**?*
.l'ourlet?	.el dobladillo?	*.el dobla**dilyo**?*
.la fermeture éclair?	.la cremallera?	*.la kréma**lyéra**?*
La couleur (la forme, le tissu) me plaît	Me gusta el color (el corte, la tela)	*mé **gous**ta el ko**lor** (**el kor**té, la **téla**)*
Cela ne me plaît pas	No me gusta	*no mé **gous**ta*
Avez-vous la même chose...	¿Tiene usted la misma cosa...	*tié**ne** ous**téd** la missma **kossa**...*
.dans une autre couleur?	.en otro color?	*.è**ne** otro ko**lor**?*
.en bleu, rose?	.en azul, rosa?	*.è**ne** aθoui, **rossa**?*
.dans un tissu...	.en una tela...	*.è**ne** **ouna téla**...*
.uni?	.lisa?	*.**lissa**?*
.à carreaux?	.de cuadros?	*.dé **kouadros**?*
.à pois?	.de lunares?	*.dé lou**narés**?*
.imprimé?	.estampada?	*.estamm**pada**?*
.à rayures?	.rayada?	*.ra**yada**?*
Est-ce que c'est du...	Es...	*ésse...*
Je voudrais du...	Lo quisiera en...	*lo ki**ssiéra** è**ne**...*
Je préférerais en...	Lo preferiría en...	*lo préféri**ria** è**ne**...*
.en coton	.algodón	*.algo**done***
.laine	.lana	*.lana*
.soie	.seda	*.séda*
.velours	.terciopelo	*.terθio**pélo***

71

.flanelle	.franela	.franéla
.nylon	.nilón	.nilone
.satin	.satén	.satène
.taffetas	.tafetán	.tafétane
.tulle	.tul	.toule
.tweed	.lana escocesa	.lana eskoθéssa
Est-ce fait main?	¿Está hecho a mano?	.esta étcho a mano?
Avez-vous un miroir?	¿Hay un espejo?	aï oune espéRo?
Pouvez-vous prendre mes mesures?	¿Puede usted tomar mis medidas?	pouédé oustéd tomar mis médidas?
Je voudrais...	Quisiera...	kissiéra...
.des draps	.unas sábanas	.ounas sabanas
.une taie d'oreiller	.una funda de almohada	.ouna founnda dé almoada
.une serviette éponge	.una toalla	.ouna toalya
.des torchons	.unos paños	.ounos pagnos

Pour les vêtements, les tailles espagnoles sont les mêmes que les françaises, les belges ou les suisses. De même les pointures des chaussures sont identiques dans ces pays.

Chaussures — Zapatos

Je voudrais une paire de...	Quisiera un par de...	kissiéra oune par dé...
.chaussures	.zapatos	.θapatos
.souliers vernis	.zapatos de charol	.θapatos dé tcharol
.chaussures à haut talon	.zapatos de tacón alto	.θapatos dé takone alto
.chaussures montantes	.botinas	.botinas
.tennis	.zapatillas de tenis	.θapatilyas dé ténis
.bottes	.botas	.botas
.bottes en caoutchouc	.botas de goma	.botas dé goma
.sandales	.sandalias	.sanndalias
.sabots	.zuecos	.θouékos
En avez-vous en cuir (daim, toile)?	¿Los tiene en cuero (ante, tela)?	los tiéné ène kouéro (annté, téla)?
Je voudrais les essayer	Quisiera probarlos	kissiéra probarlos
Cela va	Está bien	esta bien
C'est trop serré (large)	Es demasiado apretado (ancho)	es démassiado aprétado (anntcho)

72

Avez-vous les mêmes une pointure au-dessus (au-dessous)?	¿Tiene usted lo mismo en una talla más grande (pequeña)?	*tiéné oustéd lo* **missmo ène ouna talya mas granndé** *(pékégna)?*
.en noir (blanc, beige)?	.en negro (blanco, beige).	*.ène **négro (blannko, béiRé)**?*
Je chausse du...	Calzo el...	*kalθo el*

Chez le cordonnier — La zapatería

Pouvez-vous...	¿Puede usted...	*pouédé oustéd...*
.réparer ces chaussures?	.arreglar estos zapatos?	*.arréglar éstos θapatos?*
.les ressemeler?	.ponerles suelas	*.ponnerlés souélasse*
.leur mettre un talon neuf?	.ponerles nuevas tapas?	*.ponnerlés nouévas tapas?*
.ferrer les talons?	.ponerles tapas de hierro?	*.ponnerlés tapas dé iérro?*
Je voudrais...	Quisiera...	*kissiéra...*
.des lacets	.unos cordones	*.ounos kordonés*
.du cirage brun (noir, rouge, neutre)	.betún marrón (negro, rojo, neutro)	*.bétoune marronn (négro, roRo, néoutro)*

A la blanchis-serie-teinturerie — La lavandería-la tintorería

Pouvez-vous...	¿Puede usted...	*pouédé oustéd*
.laver et repasser...	.limpiar y planchar...	*.limmpiar i plantchar*
.ce linge?	.esta ropa?	*.esta ropa?*
Pouvez-vous...	¿Puede usted...	*pouédé oustéd...*
.nettoyer à sec?	.limpiar en seco?	*.limmpiar ène séko?*
.ce pantalon?	.estos pantalones?	*.estos panntalonés?*
Il y a ici une tache...	Aquí hay una mancha...	*aki aï ouna manntcha...*
.de fruit	.de fruta	*.dé frouta*
.de sang	.de sangre	*.dé sanngré*
.de graisse	.de grasa	*.dé grassa*
.de chocolat	.de chocolate	*.dé tchokolaté*
.de peinture	.de pintura	*.dé pinntoura*
Je ne sais pas ce que c'est	No sé lo que es	*no sé lo ké ésse*
Pourriez-vous raccommoder ceci?	¿Podría usted zurcir esto?	*podria oustéd θourθir esto?*
.repriser cet accroc	.zurcir este desgarrón?	*.θourθir este desgarrone?*
.stopper ceci?	.zurcir esto?	*.θourθir esto?*

.remplacer un bouton?	.poner este botón?	.ponnéer esté botone?
Où y a-t-il...	¿Dónde hay...	donndé aï...
.une blanchisserie?	.una lavandería?	.ouna lavanndéria?
.une teinturerie?	.una tintorería?	.ouna tinntoréria?

Chez le marchand de journaux
El kiosco de periódicos

Où y a t-il un kiosque à journaux?	¿Dónde hay un kiosco de periódicos?	donndé aï oune kiosko dé périodikos?
Avez-vous...?	¿Tiene usted...?	tiéné oustéd...?
.des journaux...	.periódicos...	.périodikos...
.des magazines...	.revistas...	.révistas...
.français (belges, suisses)?	.franceses(as) (belgas, suizos(as))?	.frannθéssés(as) (belgas, souiθos(as))?
Donnez-moi Cambio 16 SV	Déme Cambio 16 pro favor	démé kammbio diéθisséis por favor
Je voudrais un programme des spectacles SVP	Quisiera un programa de los espectáculos por favor	kissiéra oune programa dé los espektakoulos por favor

A la librairie
La librería

Avez-vous des livres...	¿Tiene usted libros...	tiéné oustéd libros...
.en français?	.en francés?	.ène frannθés?
.en espagnol facile?	.en español sencillo?	.ène espagnol sennθilyo?
.un roman de...?	.una novela de...?	.ouna novéla dé...?
Je voudrais un petit dictionnaire français/espagnol	Quisiera un pequeño diccionario francés/español	kissiéra oune pékégno dikθionario frannθés/espagnol
Où est le rayon...	¿Dónde está la sección de...	donndé esta la sekθione de...
.livres de poche?	.libros de bolsillo?	.libros dé bolssilyo
.romans?	.novelas?	.novélas?
.science-fiction?	.ciencia ficción?	θiennθia fikθione?
.policiers	.novelas policiacas?	.novelas poliθiakas?
.scolaire?	.libros escolares?	.libros eskolarès?
.livres d'art?	.libros de arte?	.libros dé arté?
.guides?	.guías?	.guias?
Avez-vous une carte routière de l'Espagne?	¿Tiene usted un mapa de carreteras de España?	tiéné oustéd oune mapa dé karrétéras dé espagna?

A la papeterie

Je voudrais un bloc de papier à lettres
.des enveloppes
.du papier...
.à dessin
.carbone
.calque
.de brouillon
.d'emballage
.coloré pour un paquet cadeau
.des cahiers
.un classeur

.un répertoire
.un agenda
.un crayon
.un stylo
.une gomme

.une règle
.un taille-crayon
.une bouteille...
.d'encre bleue (noire, rouge, violette)
.des cartouches
.des crayons de couleur
.des feutres de couleur
.des craies
.des ciseaux
.de la colle blanche
.une agrafeuse
.des agrafes
.des trombones
.un ruban de machine à écrire

Chez le photographe

Je voudrais...
.une (des) pellicule(s)...
.noir et blanc
.papier couleur
.des diapositives

La papelería

Quisiera un bloc de papel de carta
.unos sobres
.papel...
.de dibujo
.carbón
.de calco
.borrador
.de envolver
.de color para regalo
.unos cuadernos
.un cuaderno con anillas
.un repertorio
.una agenda
.un lápiz
.un bolígrafo
.una goma de borrar
.una regla
.un sacapuntas
.una botella...
.de tinta azul (negra, roja, morada)
.unas cargas
.lápices de color

.rotuladores de color
.tizas
.unas tijeras
.pegamento blanco
.una grapadora
.grapas
.clips
.una cinta para máquina de escribir

La tienda de fotografía

Quisiera...
.una(s) película(s)...
.en blanco y negro
.papel en color
.diapositivas

---

kissiéra oune blok dé papel dé karta
. *ounos sobrés*
. *papel...*
. *dé dibouRo*
. *karbone*
. *dé kalko*
. *borrador*
. *dé ennvolver*
. *de kolor para régalo*

. *ounos kouadernos*
. *oune kouaderno kone anilyas*
. *oune répertorio*
. *ouna aRennda*
. *oune lapiθ*
. *oune boligrafo*
. *ouna goma dé borrar*
. *ouna régla*
. *oune sakapounntas*
. *ouna botélya...*
. *dé tinta aθoul (négra, roRa, morada)*
. *ounas kargas*
. *lapiθés dé kolor*

. *rotouladorés dé kokor*
. *tiθas*
. *ounas tiRéras*
. *pégamennto blannko*
. *ouna grapadora*
. *grapas*
. *klips*
. *ouna θinnta para makina dé eskribir*

kissiéra...
. *ouna(s) pélikoula(s)...*

. *ène blannko i négro*
. *papel ène kolor*
. *diapossitivas*

.un film Polaroïd	.un carrete Polaroïd	.oune karrété polaroïd
.une bobine	.una película	.ouna pélikoula
.24 x 36 (135)	.ciento treinta y cinco	.θennto tréinnta! θinnko
.4 x 4 (127)	.ciento veintisiete	.θiennto véinntissiété
.6 x 6 (120)	.ciento veinte	.θiennto véinnté
.de 20 poses	.de veinte exposiciones	.de viéinté ekspossiθionés
.de 36 poses	.de treinta y seis exposiciones	.dé tréinnta i seiss expossiθiones
.une cartouche 24 x 24 (126)	.un carrete ciento veintiseis	.oune karrété θiennto véinntisséis
.un film super 8	.un rollo de película super ocho	.oune rolyo dé pélikoula souper otcho
Avez-vous le même film que celui-ci?	¿Tiene usted esta misma película?	tiéné oustéd éssta missma pélikoula?
.un film de la même sensibilité?	.una película del mismo número de ASA?	.ouna pélikoula del missmo nouméro dé assa?
Le développement est-il compris?	¿Está incluido el revelado?	esta innklouido el révélado?
Pouvez-vous développer et tirer ce film?	¿Puede usted revelar y copiar esta pelicula?	pouédé oustéd revélar i kopiar esta pélikoula?
Je voudrais un (deux) exemplaire(s) de chaque	Quisiera una (dos) copia(s) de cada una	kissiéra ouna (dos) kopia(s) dé kada ouna
.sur papier mat (brillant)	.en papel mate (en papel brillante)	.enn papél maté (en papél brilyannté)
Faites-moi le développement seulement	Hágame sólo el revelado	agamé solo el révélado
Je voudrais une planche contact	Quisiera cliches de prueba	kissiéra klitchés dé prouéba
Je voudrais un agrandissement de cette photo-ci	Quisiera úna ampliación de esta foto	kissiéra ouna ammpliaθione dé esta foto
Où sont les négatifs?	¿Dónde están los negativos?	donndé estane los négativos?
Pensez-vous les retrouvez?	¿Piensa usted encontrarlos?	piennssa oustéd enkonntrarlos?
Je voudrais...	Quisiera...	kissiéra
.un flash électronique	.un flash electrónico	.oune flash élektroniko
.une ampoule de flash	.una bombilla de flash	.ouna bommbilya dé flash
.un filtre UV	.un filtro ultravioleta	.oune filtro oultravioléta

.un filtre polarisant (colorant)	.un filtro polarizante (colorante)	.oune *filtro polariθannté (kolorannté)*
.un sac-photo	.un estuche para la cámara	.oune *estoutché para* la *kamara*
.un pied	.un trípode	.oune *trípodé*
.un objectif pour cet appareil (28, 35 mm)	.un objetivo para esta cámara (veinticinco, treinta y cinco milímetros)	.oune *obRétivo para* esta *kamara (véinntiotcho, tréinnta i θinnko milimétros)*
.une (des) pile(s) pour le flash (la cellule)	.una(s) pila(s) para el flash (la célula)	.ouna *(ounas) pila(s) para* el *flash* (la *θéloula)*
.un (bon) appareil (simple, bon marché)	.una (buena) cámara (sencilla, barata)	.ouna *bouéna kamara (sennθilya, barata)*
Pouvez-vous réparer...	¿Puede usted arreglar...	*pouédé oustéd arréglar...*
.ceci?	.esto?	.*esto?*
.cet appareil?	.esta cámara?	.esta *kamara?*
.ce flash?	.este flash?	.esté *flash?*
.la cellule?	.la célula?	.la *θéloula?*
Le compteur...	El contador de imágenes	el *konntador dé imaRénés*
Le déclencheur...	El disparador...	el disparador...
Le diaphragme...	El diafragma...	el diafragma...
Le rembobinage...	El enrollamiento...	el ennrolyamiennto...
.ne marche pas	.no funciona	.no founnθiona
.est coincé(e)	.está atrancado(a)	.esta atrannkado(a)
Le film est coincé	La película está atrancada	la pélikoula esta atrannkada
L'appareil est tombé...	La cámara ha caído...	la *kamara* a kaïdo...
.dans le sable	.en la arena	.ène la aréna
.dans l'eau de mer	.en el mar	.ène el *mar*

Matériel hi-fi et disques

Material hi-fi y discos

Je voudrais...	Quisiera...	*kissiéra...*
.une radio	.una radio	.*ouna radio*
.une radio-cassette	.una radio-cassette	.*ouna radio kassété*
.une mini-chaîne	.una mini cadena	.*ouna mini kadéna*
.un walkman	.un walkman	.*oune oualkman*
.un tourne-disque	.un tocadiscos	.*oune tokadiskos*
.un ampli	.un amplificador	.*oune ammplifikador*
.un tuner	.un tuner	.*oune tounère*
.un magnétophone à bande	.un magnetófono de cintas	.*oune magnétofono dé θinntas*

.un magnétoscope	.un video	.*oune **vidéo***
Donnez-moi svp...	Déme por favor...	***démé** por **favor**...*
.des piles pour...	.pilas para...	.*pilas **para**...*
.une fiche (un câble) de raccordement	.un enchufe (un cable) de conexión	.*oune enn**tchu**fé (oune **kablé**) dé kone**ksione***
.des écouteurs	.auriculares	.*aourikoularés*
.une cellule	.una célula	.*ouna θéloula*
.une cassette vierge	.una cassette virgen	.*ouna kass**é**té **vir**Ren*
.une cassette pour magnétoscope	.una cassette para video	.*ouna kass**é**té para vidéo*
.une bande magnétique	.una cinta magnética	.*ouna θinnta mag-nétika*
Avez-vous...	¿Tiene usted...	***tiéné** oust**éd**...*
.des disques de...?	.algún disco de...?	.*algoune **disko** dé...?*
.le dernier disque de...?	.el último disco de...?	.*el **oul**timo **disko** dé...?*
.une cassette de...?	.una cassette de...?	.*ouna kass**é**té dé...?*
.un 33 T de...?	.un LP de...?	.*oune **él**é pé dé...?*
.un 45 T de...?	.un single...?	.*oune **sinn**guel...?*
Puis-je l'écouter?	¿Puedo escucharlo?	***pouédo** eskout**charlo**?*
Quel est le n° 1 du hit-parade?	¿Cuál es el número uno de las super ventas?	*koualesse el **nou**mméro **ouno** dé las **souper venn**tas?*
Donnez-le moi	Démelo	***dé**melo*

A l'horlogerie-bijouterie
La relofería-la joyería

Je voudrais une montre...	Quisiera un reloj de pulsera...	*ki**ssié**ra oune ré**lo**R dé poul**séra**...*
.bon marché	.barato	.*ba**rato***
.suisse	.suizo	.***soui**θo*
.à quartz	.de cuarzo	.*dé **kouart**so*
.automatique	.automático	.*aouto**matiko***
Donnez-moi...	Dème...	***démé**...*
Montrez-moi...	Enséñeme...	*enn**ssé**gnémé...*
.un bracelet pour cette montre	.una correa para este reloj de pulsera	.*oune kor**réa** para esté ré**lo**R dé poul**séra***
.un réveil-matin	.un despertador	.*oune desperta**dor***
.un radio-réveil	.un despertador radio	.*oune desperta**dor** radio*
Pouvez-vous réparer cette montre?	¿Puede usted arreglar este reloj?	***poué**dé oust**éd** ar**réglar** esté reloR?*

Elle ne marche pas	No funciona	*no founnθiona*
Elle retarde	Atrasa	*atrassa*
Elle avance	Adelanta	*adélannta*
Elle s'arrête	Se para	*sé para*
Le verre est cassé	Está roto el cristal	*esta roto el kristal*
Je voudrais...	Quisiera...	*kissiéra...*
.une bague	.una sortija	*.ouna sortiRa*
.une chevalière	.una sortija de sello	*.ouna sortiRa dé sélyo*
.une alliance	.un anillo de boda	*.oune anilyo dé boda*
.une broche	.un broche	*.oune brotché*
.un collier (de perles)	.un collar (de perlas)	*.oune kolyar (dé perlas)*
.un bracelet	.una pulsera	*.ouna poulsséra*
.une gourmette	.una pulsera de identitad	*.ouna poulsséra dé idenntidad*
.des boucles d'oreilles	.pendientes	*.penndienntés*
.une chaîne (en or, en argent)	.una cadena (de oro, de plata)	*.ouna kadéna (dé oro, dé plata)*
.un pendentif	.un dije	*.oune diRé*
.une croix	.una cruz	*.ouna krouθ*
.une épingle à cravate	.un alfiler de corbata	*.oune alfiler dé korbata*
.des boutons de manchette	.un par de gemelos	*.oune par dé Rémélos*
.un diadème	.una diadema	*.ouna diadéma*
.le même que Doña Sofía	.la misma que Doña Sofía	*.la missma ké dogna sofia*
Est-ce en or (platine)?	¿Es de oro (platino)?	*ésse dé oro (platino)?*
Est-ce en argent?	¿Es de plata?	*ésse dé plata?*
Combien de carats?	¿Cuántos quilates?	*kouanntos kilatés?*
C'est plaqué (massif)	Es chapado (macizo)	*ésse tchapado (maθiθo)*
C'est émaillé	Es esmaltado	*ésse esmaltado*
Montrez-moi vos pierres	Enséñeme las piedras	*ennsségnémé las piédras*
C'est... un diamant	Es... un diamante	*ésse... oune diamannté*
.une émeraude	.una esmeralda	*.ouna esméralda*
.un rubis	.un rubí	*.oune roubi*
.un saphir	.un zafiro	*.oune θafiro*
.une topaze	.un topacio	*.oune topaθio*
.une turquoise	.una turquesa	*.ouna tourkéssa*
.du verre coloré	.un cristal colorado	*. oune kristal kolorado*
C'est...	Es...	*ésse...*
.en ambre	.de ámbar	*.dé ammbar*
.en ivoire	.de marfil	*.dé marfil*
.en jade	.de jade	*.de Radé*
Avez-vous quelque	¿Tiene usted otra	*tiéné oustéd otra*

chose...
- meilleur marché
- de style plus
  sobre (sophistiqué,
  ancien, moderne)

- plus gros (petit)

cosa...
- más barata
- un poco más
  sobria
  (sofisticada,
  antigua, moderna)
- más grande
  (pequeña)

kossa...
- *masse barata*
- *oune poko masse*
  sobria (sofistikada,
  anntigoua, moderna)

- *masse granndé*
  (pékégna)

A la maroquinerie

Je voudrais...
- un porte-feuille
- un porte-monnaie
- un attaché-case
- une ceinture
- un sac de voyage

- une valise
C'est du cuir
  véritable?
Avez-vous la même
  chose...
- en cuir?
- en skaï?
- en toile?
- avec un fermoir
  différent?

La marroquinería

Quisiera...
- una cartera
- un monedero
- un maletín
- un cinturón
- un bolso de viaje

- una maleta
¿Es cuero légítimo?

¿Tiene usted lo
  mismo...
- en cuero?
- en eskai?
- en tela?
- con una boquilla
  diferente?

kissiéra...
- *ouna kartéra*
- *oune monédéro*
- *oune malétine*
- *oune θinntourone*
- *oune bolsso dé*
  viaRé
- *ouna maléta*
ésse kouéro léRítimo?

tiéné oustéd lo
  missmo...
- *ène kouéro*
- *ène eskaï*
- *ène téla*
- *kone ouna bokilya*
  diférennté

Hygiène et produits de beauté

Je voudrais...
Donnez-moi...
.un dentifrice (un tube)
.une brosse à dents
.pour enfant
.souple (dure, en soie naturelle, en nylon)
.du savon
.du shampoing (doux, sec, colorant, anti-pelliculaire)
.des coton-tiges

.du coton
.des mouchoirs en papier
.du papier hygiénique
.une brosse à cheveux
.un peigne
.des rouleaux
.des épingles à cheveux
.un coupe-ongles
.du déodorant
.de l'eau de Cologne
.de l'eau de toilette (à la lavande)
.un produit contre l'acné

Produits masculins

.un rasoir

.des lames de rasoir
.un blaireau

Quisiera...
Dème...
.pasta de dientes (un tubo)
.un cepillo de dientes
.para niño
.suave (duro, de seda natural, de nilón)
.jabón
.champú (suave seco, colorante, anti-caspa)

.bastoncitos de algodón
.algodón
.pañuelos de papel
.papel higiénico
.un cepillo para el pelo
.un peine
.rulos
.horquillas
.un corta uñas
.un desodorante
.agua de Colonia

.agua de Colonia (de lavanda)

.una loción para el acné

Productos para caballeros

.una máquina de afeitar, una navaja de afeitar
.hojas de afeitar

.una brocha de afeitar

kissiéra...
dème
.*pasta dé diénntés (oune toubo)*
.*oune θépilyo dé diennés*
.*para nigno*
.*souavé (douro, de séda natoural, de nilone)*
.*Rabone*
.*tchammpou (souavé, séko, koloranné, annti-kaspa)*

.*bastonnθitos dé algodone*
.*algodone*
.*pagnouélos dé papel*
.*papel iRiéniko*
.*oune θépilyo para el pélo*
.*oune peïné*
.*roulos*
.*orkilyas*
.*oune korta ougnas*
.*oune dessodorannté*
.*agoua dé kolonia*

.*agoua de kelonia (de lavannda)*

.*ouna loθione para el akné*

.*ouna makina dé aféitar, ouna navaRa dé afeitar*
.*oRas dé aféitar*

.*ouna brotcha dé aféitar*

81

•de la mousse à raser	•espuma de afeitar	•*espou*ma dé afé*itar*
•une lotion après rasage	•una loción after shave	•*ouna* lo*θione after shéiv*
•des préservatifs	•preservativos	•*présservativos*

Produits féminins

Productos para damas

•du rouge à lèvres	•un rojo de labios	•*oune roRo dé labios*
•un crayon pour les yeux	•un lápiz de ojos	•*oune lapiθ dé oRos*
•du rimmel	•rimel	•*rimel*
•du vernis à ongles	•esmalte para las uñas	•*esmalté para las ougnas*
•du dissolvant	•un quitaesmalte	•*oune kitaesmalté*
•du fond de teint	•maquillaje de fondo	•*makilya*Ré dé *fonn*do
•du lait démaquillant	•una leche desmaquilladora	•*ouna létché desmakilyadora*
•un poudrier	•una polvera	•*ouna polvéra*
•une houpette	•una borla para polvos	•*ouna borla para polvos*
•de la poudre pour le visage	•unos polvos para la cara	•*ounos polvos para la kara*
•du parfum (français)	•perfume (francés)	•*perfoumé (frannθés)*
•de la crème hydratante	•crema hidratante	•*kréma idratannté*
•de la cire à épiler	•una cera depilatoria	•*ouna θéra dépilatoria*
•de la crème solaire	•una crema solar	•*ouna kréma solar*
•des serviettes hygiéniques	•unos paños higiénicos	•*ounos pagnos iRiénikos*
•des tampons périodiques	•unos tampones higiénicos	•*ounos tammponés iRiénikos*

Produits pour bébés

Productos para bebés

•des couches-culottes	•unos bragas-pañales	•*ounos bragas-pagnalés*
•du lait pour la peau	•crema para el cuerpo	•*kréma para el kouerpo*
•du shampoing de bébé	•champú de bébé	•*tchammpou dé bébé*
•du talc	•talco	•*talko*
•du lait en poudre	•leche en polvo	•*létché ène polvo*
•un biberon	•un biberón	•*oune bibérone*
•des tétines	•unos chupetes	•*ounos tchoupétés*
•des petits pots	•unos potecitos	•*ounos potecitos*

Au salon de coiffure

Chez le coiffeur pour dames

Je voudrais...
.une coupe au rasoir
.une mise en plis
.une permanente
.des ondulations
.des boucles
.un chignon
.une mèche (orange)
.une décoloration
.une coloration (en brun, blond, roux)

Faites-moi juste un shampoing
.un coup de brosse
.un brushing
Coupez-les court
Laissez-les assez longs
Raccourcissez la frange
Je voudrais voir la manucure
Une mini vague

La peluquería de señoras

Quisiera...
.un corte a navaja

.un marcado
.una permanente
.ondulacíones
.unos rizos
.un moño
.un mechón (naranja)
.una decoloracíon
.un tinte (moreno, rubio, pelirrojo)

Hágame un lavado

.un retoque

.un brushing
Córtemelo corto
Déjemelo bastante largo
Acórteme el flequillo
Quisiera ver a la manicura
Un moldeado

kissiéra...
.oune korté a navaRa
.oune markado
.ouna permanenté
.onndoulaθionés
.ounos riθos
.oune mogno
.oune metchone (naranRa)
.ouna dékoloraθion
.oune tinnté (moréno, roubio, pélirroRo)

agamé oune lavado

.oune retoké

.oune broushing
kortémélo korto
déRémélo bastannté largo
akortémé el flékilyo

kissiéra ver a la manikoura
oune moldéado

Chez le coiffeur pour hommes

Coupez-les très courts
.pas très courts

.sur le dessus
.sur la nuque
.derrière des oreilles

Faites-moi...
.une coupe en brosse
.la raie sur le côté
Pouvez-vous me tailler la barbe (la moustache)?

La peluquería de caballeros

Córtemelo muy corto
.no me lo corte mucho
.arriba
.en el cuello
.detrás de las orejas
Hágame...
.un corte al cepillo
.la raya en el lado
¿Puede usted cortarme la barba (el bigote)?

kortémélo moui korto

.no mé lo korté moutcho
.arriba
.ène el kouélyo
.détras dé las oréRas
agamé...
.oune korté al θépilyo

.la raya ène el lado pouédé oustéd kortarmé la barba (el bigoté)?

Visiter la ville

Français	Español	Prononciation
Que faut-il voir?	¿Qué hay que ver?	*ké aï ké **ver**?*
Que me conseillez-vous de voir?	¿Qué me aconseja ver?	*ké mé akonn**ssé**Ra ver?*
Où se trouve...?	¿Dónde está...?	*donndé esta...?*
Faut-il voir...	Hay que ver...	*aï ké **ver**...*
Je voudrais visiter...	Quisiera visitar...	*kissiéra vissitar...*
.la cathédrale	.la catedral	*.la ka**té**dral*
.l'église, l'abbaye	.la iglesia, la abadía	*.la ig**lé**ssia, la aba**día***
.le monastère	.el monasterio	*.el monas**té**rio*
.le cloître	.el claustro	*.el **kla**oustro*
.la synagogue	.la sinagoga	*.la sina**go**ga*
.le palais royal	.el palacio real	*.el palaθio réal*
.le château	.el castillo	*.el kas**til**yo*
.les remparts	.las murallas	*.las mou**ral**yas*
.la tour, le donjon	.la torre, el torreón	*.la **tor**ré, el torré**one***
.les douves	.los fosos	*.los **fos**sos*
.le pont-levis	.el puente levadizo	*.el **pouen**nté lévadiθo*
.le jardin, le parc	.el jardín, el parque	*.el **Rar**dine, el **par**ké*
.la fontaine	.la fuente	*.la **fouen**nté*
.la statue	.la estatua	*.la estatoua*
.l'hôtel de ville	.el ayuntamiento	*.el ayounnta**mienn**to*
.le parlement	.el parlamento	*.el parla**menn**to*
.le musée	.el museo	*.el mous**sé**o*
.les sculptures	.las esculturas	*.las eskoul**tou**ras*
.les peintures	.las pinturas	*.las pinn**tou**ras*
.les antiquités	.las antigüedades	*.las anntigoué**da**dés*
.le bord du fleuve	.las orillas del rio	*.las ori**l**yas del **ri**yo*
.le pont	.el puente	*.el **pouen**nté*
.le front de mer	.el paseo marítimo	*.el pas**sé**o marítimo*
.le tombeau de...	.la tumba de...	*.la **toumm**ba **dé**...*
.le zoo	.el zoo	*.el θoo*
.la vieille ville	.la parte antigua de la ciudad	*.la **par**té annti**gou**a dé la θi**ou**dad*
.le quartier...	.el barrio...	*.el **bar**rio...*
.des affaires	.de los negocios	*.dé los négoθios*
.de l'université	.de la universidad	*.dé la ouniverss**i**dad*
Avez-vous des cartes postales?	¿Tiene usted postales?	*tiéné ous**téd** posta**lés**?*
.des diapositives?	.diapositivas?	*.diapos**si**tivas?*
.un livre de photos?	.un libro de fotografías?	*.oune **lib**ro dé fotogra**fi**yas?*
Les photos sont-elles autorisées?	¿Se puede sacar fotos?	*sé **poué**dé sakar **fo**tos?*
Quel est le jour de fermeture?	¿Qué día cierra?	*ké **di**ya θi**ér**ra?*

84

Est-ce ouvert...	¿Está abierto...	*esta abierto*
.aujourd'hui?	.hoy?	*.oï?*
De quelle heure à quelle heure?	¿Desde qué hora hasta qué hora?	*desdé ké ora asta ké ora?*
Combien coûte un billet d'entrée?	¿Cúanto cuesta el billete?	*kouannto kouesta el bilyété?*
Pour les enfants?	¿Para niños?	*para nignos?*
Pour les étudiants?	¿Para estudiantes?	*para estoudianntés?*
Y a-t-il une visite organisée?	¿Hay un recorrido organizado?	*aï oune rékorrido organiθado?*
Combien de temps dure-t-elle?	¿Cúanto dura?	*kouannto doura?*
Combien cela coûte-t-il?	¿Cúanto cuesta?	*kouannto kouesta?*
Un repas (une boisson) est-il inclus?	¿Está incluída una comida (una bebida)?	*esta innklouida ouna komida (ouna bébida)?*

Comprendre

Es todo recto	*ésse todo rekto*	C'est tout droit
Después del semáforo	*despoués del sémaforo*	Après le feu rouge
Es ahí...	*ésse aï...*	C'est là...
Gire a la derecha en...	*Riré a la déretcha ène...*	Tournez à droite à la...
Gire a la izquierda en...	*Riré a la iθkierda ène...*	Tournez à gauche à la ...
.la primera (segunda) calle	*.la priméra (ségounnda) kalyé*	.première (deuxième) rue
Aquí está	*aki esta*	C'est ici
Hay que dar media vuelta	*aï ké dar média vouelta*	Il faut faire demi-tour

Services religieux

Je suis...	Soy...	*soï...*
.catholique	.católico (a)	*.katoliko (a)*
.israélite	.israelita	*.issraélita*
.musulman(e)	.musulmán(a)	*.moussoulmane(a)*
Où y a-t-il...	¿Dónde hay...	**donn**dé aï...
.une église catholique?	.una iglesia católica?	*.ouna **iglé**ssia **kato**lika?*
.une synagogue?	.una sinagoga?	*.ouna sina**goga**?*
.une mosquée?	.una mezquita?	*.ouna mes**ki**ta?*
A quelle heure a lieu...	¿A qué hora es...	a **ké** ora **ésse**...
.la messe?	.la misa?	*.la **missa**?*
.le service?	.el servicio?	*.el servi*θ*io?*
Le dimanche	Los domingos	*los domin**n**gos*
Les autres jours	Los otros dias	*los otros **di**yas*
Y a-t-il un sermon?	¿Hay un sermón?	*aï oune ser**mone**?*
Est-ce qu'on chante des cantiques?	¿Se cantan cánticos?	sé **kann**tane **kann**tikos?

Spectacles

Avez-vous un programme des spectacles?	¿Tiene un programa de espectaculos?	*tiéné oune programa dé espektacoulos?*
Avez-vous encore des places pour...?	¿Le quedan entradas para...?	*lé kédane enntradas para...?*
Je voudrais réserver	Quisiera reservar	*kissiéra réservar*
Donnez-moi une (deux) places pour...	Deme una (dos) entrada(s) para...	*démé ouna (dos) enntrada(s) para...*
.ce soir	.esta noche	*.esta notché*
.vendredi	.el viernes	*.el viernés*
Un fauteuil d'orchestre	Una butaca de patio	*ouna boutaka dé patio*
Un balcon	Una localidad de anfiteatro	*ouna lokalidad dé annfitéatro*
Une loge	Una localidad de palco	*ouna lokalidad dé palko*
Combien coûte un billet?	¿Cuánto cuesta una localidad?	*kouannto kouesta ouna lokalidad?*
Y a-t-il une réduction pour...	¿Se hace un descuento para...	*sé aθé oune deskouennto para...*
.les enfants?	.los niños?	*.los nignos?*
.les étudiants?	.los estudiantes	*.los estoudianntés?*

Comprendre

Está completo (esta noche)	*esta kommpléto (esta notché)*	C'est complet (ce soir)
Quedan localidades...	*kédane lokalidades...*	Il reste des places...
.mañana	*.magnana*	.demain
.en el centro	*.ène el θenntro*	.au milieu
.de lado	*.dé lado*	.sur le côté
.en el gallinero	*.ène el galyinéro*	.au poulailler
Presente su entrada por favor	*préssennté sou enntrada por favor*	Présentez votre ticket svp
Aqui tiene su entrada	*aki tiéné sou enntrada*	Voici votre place

Cinéma-Théâtre

Ciné-Teatro

Y a-t-il cette semaine...	¿Esta semana ponen...	*esta sémana ponène...*
.un bon film?	.una buena película?	*.ouna bouéna pélikoula?*

.une bonne pièce?	.una buena obra de teatro?	.*ouna **boue**na obra dé téatro?*
Joue-t-on...	¿Ponen...	**po**nène...
Où joue-t-on...	¿Dónde ponen...	**donn**dé po**nè**ne...
.un film en français?	.una película en francés?	.*ouna pélikoula ène frann θ**ès**?*
.un film sous-titré en français?	.una película subtitulada en francés?	.*ouna pélikoula soubtitoulada ène frann θ**ès**?*
.un film de Carlos Saura?	.una película de Carlos Saura?	.*ouna pélikoula dé **karl**os saoura?*
.une pièce de Calderon?	.una obra de Calderón?	.*ouna obra dé kaldérone?*
Est-ce...	¿Es...	**ésse**...
.un bon film?	.una buena película?	.*ouna bou**é**na pélikoula?*
.une bonne pièce?	.una buena obra?	.*ouna bou**é**na obra?*
.drôle, triste, intéressant, difficile?	.divertida, triste, interesante, difícil?	.*divertida, **trist**é, inntéréssann**té**, difi θ**il**?*
Je voudrais voir...	Quisiera ver...	*ki**ssié**ra ver...*
.un documentaire sur...	.un documental sobre...	.*oune dokoumenn**tal sobr**e...*
.un film pour enfants	.una película para niños	.*ouna pélikoula **para nign**os*
.un dessin animé	.un dibujo animado	.*oune dibouRo animado*
Qui est le metteur en scène?	¿Qui én es el director?	**kié**ne ésse el direktor?
Qui sont les acteurs?	¿Quiénes son los actores?	**ki**é**nés sonn**e los actorés?
A quelle heure est la prochaine séance?	¿A qué hora empieza la función siguiente?	*a ké ora emm**pié**θa la founn θ**ione** siguienn**té**?*
Est-ce permanent?	¿Es sesión contínua?	*ésse ses**sion**e konn**ti**noua?*
Puis-je entrer maintenant?	¿Puedo entrar ahora?	***poué**do enntrar aora?*

Musique-Danse

Música-Danza

J'aimerais assister à...	Quisiera asistir a...	*ki**ssié**ra assis**tir** a...*
.un concert de musique classique	.un concierto de música clásica	.*oune konn θ**ier**to dé **mouss**ika **klass**ika*
.un opéra	.una ópera	.*ouna **o**péra*
.une opérette	.una zarzuela	.*ouna θar θou**é**la*

.un ballet (classique, moderne)
Qui est le compositeur?
Comment s'appelle...
.l'orchestre?
.le chef d'orchestre?
.le chanteur (la chanteuse)?
Je voudrais écouter...
.Julio Iglesias
.du flamenco
.de la musique folklorique
Quel est le groupe qui joue ce soir?

Qui joue en première partie?

.un ballet (clásico, moderno)
¿Quién es el compositor?
¿Cómo se llama...
.la orquesta?
.el director de orquesta?
.el (la) cantante?
Quisiera escuchar...

.a Julio Iglesias
.flamenco
.música folklórica

¿Cúal es el grupo que toca esta noche?

¿Quién toca en la primera parte?

.oune balé (klassiko, moderno)
kiéne ésse el kommpossitor?
komo sé lyama...
.la orkesta?
.el direktor dé orkesta?
.el (la) kanntannté?
kissiéra eskoutchar...

a Roulio igléssias
.flamennko
.mussika folklorika

koual ésse el groupo ké toka esta notché?
kiène toka ène la priméra parté?

Cabaret-Casino

J'aimerais assister à un bon spectacle de cabaret
La revue est-elle bonne (osée, vulgaire)?
A quelle heure est-ce que ça commence?
Combien coûte l'entrée?
Un repas (une boisson) est-il (elle) compris(e)?
Où y a-t-il un casino?
J'aimerais jouer

Cabaret-Casino

Quisiera concurrir a un buen espectáculo de cabaret
¿Es bueno el espectáculo (atrevido, vulgar)?
¿A qué hora empieza?

¿Cúanto cuesta una entrada?
¿Está incluída una comida (una bebida)?
¿Dónde hay un casino?
Quisiera jugar

kissiéra konnkourrir a oune bouéne espektakoulo dé kabarét
ésse bouéno el espektakoulo (atrévido, voulgar)?
a ké ora emmpiéθa?

kouannto kouesta ouna enntrada?
esta innkluida ouna komida (ouna bébida)?
donndé aï oune kassino?
kissiéra Rougar

Discothèque

J'aimerais danser
Y a-t-il une bonne boîte?
Avec de la musique...
.reggae, disco, salsa...

Discoteca

Quisiera bailar
¿Hay una buena discoteca?
Con música...

.reggae, disco, salsa...

kissiéra bailar
aï ouna bouéna diskotéka?
kone moussika...

.réggae, disko, salssa...

89

Au bar

J'aimerais...	Quisiera...	kissiéra...
Allons...	Vamos...	vamos...
Je vous emmène...	La(o) llevo a...	la(o) lyévo a...
.boire un verre	.tomar una copa	.tomar ouna kopa
Quel bar me conseillez-vous?	¿Qué bar me aconseja?	ké bar mé akonnsséRa?
Comment s'appelle le bar du coin?	¿Cómo se llama el bar de la esquina?	komo sé lyama el bar dé la eskina?
A quelle heure...	¿A qué hora...	a ké ora...
.ouvre-t-il?	.abre?	.abré?
.ferme-t-il?	.cierra?	.θiérra?
Je prendrai...	Tomaré...	tomaré...
.un jus de fruit	.un zumo de fruta	.oune θoumo dé frouta
.un jus d'orange	.un zumo de naranja	.oune θoumo dé narannRa
.une bière	.una cerveza	.ouna θervéθa
.une bière en bouteille	.un botellín de cerveza	.oune botélline dé θervéθa
.un demi	.una caña	.ouna kagna
.une blonde	.una cerveza dorada	.ouna θervéθa dorada
.une brune	.una cerveza negra	.ouna θervéθa négra
.un cocktail	.un cóctel	.oune koktel
.un cuba libre (rhum + coca)	.un cuba libre (ron y coca)	.oune kouba libré (rone i koka)
.un jerez (sec, doux)	.un jerez (seco, dulce)	.oune RéReθ (séko, doulθé)
.un whisky	.un whisky	.oune wiski
.de dix ans d'âge	.añejo de diez años	.agnéRo dé dieθ agnos
.un Cognac	.un Coñac	.oune kognak
.un Porto	.un vino de Oporto	.oune vino dé oporto
Est-ce qu'on peut manger quelque chose?	¿Se puede comer algo?	sé pouédé komer algo?
C'est mon tour	Me toca a mi	mé toka a mi
C'est ma tournée	Es mi ronda	ésse mi ronnda
Garçon...	Camarero...	kamaréro...
Mademoiselle...	Señorita...	ségnorita...
.remettez-nous ça	.otra ronda	.otra ronnda
Je vais vous chanter une vieille chanson française (belge, suisse)	Le voy a cantar una vieja canción francesa (belga, suiza)	lé voï a kanntar ouna viéRa kannθione frannθéssa (belga, souiθa)

Elle s'appelle...	Se llama...	sé **lya**ma...
Cela veut dire...	Significa...	sighni**fi**ka...
Venez prendre un dernier verre chez moi	Venga a mi casa a tomar una última copa	**venn**ga a mi **ka**ssa a tomar **ou**na **oul**tima **ko**pa
Je ne parle pas bien espagnol, mais nous arriverons bien à nous comprendre	No hablo bien castellano, pero conseguiremos entendernos	no **a**blo **biè**ne kasté**lya**no **pé**ro konnsségui**ré**mos enntenn**der**nos

Comprendre

?Lo(a) puedo invitar a una copa?	lo(a) **poué**do inn**vi**tar a **ou**na **ko**pa?	Puis-je vous offrir un verre?
¿Lo(a) invito a una copa?	lo(a) inn**vi**to a **ou**na **ko**pa?	Je vous offre un verre?
¿Qué va a tomar?	**ké** va a to**mar**?	Qu'est-ce que vous prendrez?
Póngalo en mi cuenta	**ponn**galo **è**ne mi **kouenn**ta	Mettez ça sur mon compte
no he (ha) bebido todavía	no **é** (a) **bé**bido toda**vi**ya	Je n'ai (il n'a) pas encore bu
Ya estoy (está) achispado(as)	ya es**toï** (es**ta**) atchis**pa**do(a)	Je suis (il-elle est) déjà pompette
Estoy (está) borracho(a)	es**toï** (es**ta**) bor**ra**tcho(a)	Je suis (il-elle est) ivre
Es une vieja canción gallega	**és**se **ou**na vié**R**a kannθ**io**ne gal**yé**ga	C'est une vielle chanson galicienne
Cántenos algo	**kannté**nos **al**go	Chantez-nous quelque chose
Sí, estoy seguro(a) de que usted canta muy bien	si, es**toï** sé**gou**ro(a) dé **ké** ous**téd kann**ta moui **biè**ne	Si, je suis sûr(e) que vous chantez très bien
Tome otra copa	to**mé** otra **ko**pa	Prenez un autre verre

Lier connaissance

Connaissez-vous...	¿Conoce usted...	*konoθé oustéd*
.la France (Belgique, Suisse)?	.Francia (Bélgica, Suiza)?	*.frannθia (belRika, souïθa)?*
.la région de Marseille?	.la región de Marsella?	*.la réRione dé marssélya?*
.les Alpes?	.los Alpes?	*.los alpés?*
C'est là que...	Es ahí donde...	*ésse aï donndé...*
.je suis né	.naci	*.naθi*
.j'habite	.vivo	*.vivo*
.je travaille	.trabajo	*.trabaRo*
J'aime beaucoup l'Espagne	Me encanta España	*mé ennkannta espagna*

Comprendre

¿Ha venido muchas veces a España?	*a vénido moutchas véθés a espagna?*	Etês-vous déjà venu souvent en Espagne?
¿Cúando vino por última vez?	*kouanndo vino por oultima veθ?*	Quand êtes-vous venu pour la dernière fois?
¿Le gusta España?	*lé gousta espagna?*	Est-ce que vous aimez l'Espagne?
¿Qué es lo que le gusta en España	*ké ésse lo ké lé gousta ène espagna?*	Qu'est-ce que vous aimez en Espagne?
¿Ha visitado ya...?	*a vissitado ya...?*	Avez-vous déjà visité...?
.Andalucia?	*.anndalouθia*	.l'Andalousie?
.Castilla, la Mancha?	*.kastilya, la manntcha?*	.la Castille, la Manche?
.Cataluña?	*.katalougna?*	.la Catalogne?
.Toledo?	*.tolédo?*	.Tolède?
.Granada?	*.granada?*	.Grenade?
Es ahi donde nací (vivo)	*ésse aï donndé naθi (vivo)*	C'est là que je suis né (j'habite)
Nunca fui a...	*nounnka foui a...*	Je ne suis jamais allé en...
Fui una vez a...	*foui ouna veθ a...*	Je suis allé une fois en...
Voy a menudo (cada año) a...	*voï a ménou do kada agno a...*	Je vais souvent (chaque année) en...
.Francia (Bélgica, Suiza)	*.frannθia, (belRika, souïθa)*	.France (Belgique, Suisse)

92

Pourquoi? parce que...	¿Por qué? porque...	*por ké? porké...*
.les Espagnols sont très gentils	.son muy amables los Españoles	*.son moui amablés los espagnolés*
.les Espagnoles sont très jolies	.son muy guapas las Españolas	*.sone moui gouapas las espagnolas*
Voulez-vous sortir avec moi...	¿Quiere usted salir conmigo...	*kiéré oustéd salir konnmigo*
.ce soir?	.esta noche?	*.esta notché?*
.demain?	.mañana?	*.magnana?*
.une autre fois?	.otra vez?	*.otra veθ?*
Tant pis!	¡Mala suerte!	*mala souerté!*
Allons...	Vamos...	*vamos...*
.au cinéma	.al cine	*.al θiné*
.au théâtre	.al teatro	*.al téatro*
.au concert	.a un concierto	*.a oune konnθierto*
Il y a un bon film (une bonne pièce) de...	Ponen una buena película (una buena obra) de...	*ponène ouna bouéna pélikoula (ouna bouéna obra) dé...*
Je vous emmène écouter Manuel de Falla (Montserrat Caballé)	Lo(a) llevo a escuchar a Manuel de Falla a (Montserrat Caballé)	*lo(a) lyévo a eskoutchar a manouel dé falya a (monnssérate kabalyé)*
Allons boire un dernier verre	Vamos a tomar una última copa	*vamos a tomar ouna oultima kopa*
Allons plutôt...	Más bien, vamos a...	*masse biène, vamos a...*
.chez vous	.su casa	*.sou kassa*
.chez moi	.mi casa	*.mi kassa*
Il fait beau, n'est-ce pas?	¿Hace buen tiempo, verdad?	*aθé bouène tiemmpo, verdad?*
Beau temps pour la saison	Buen tiempo para la temporada	*bouène tiemmpo para la temmporada*
Un peu nuageux	Un poco nublado	*oune poko noublado*
Quel merveilleux soleil!	¡Qué sol más maravilloso!	*ké sol mas maravilyosso!*
On dirait qu'il va pleuvoir	Parece que va a llover	*paréθé ké va a lyover*
Juste une averse	Sólo un chubasco	*solo oune tchoubasko*
Un temps épouvantable	Un tiempo horrible	*oune tiemmpo orriblé*
Voulez-vous m'enbrasser?	¿Quiere besarme?	*kiéré béssarmé?*
Jetez ce fichu livre et embrassez-moi!	¡Tire este maldito libro y béseme!	*tiré esté maldito libro i béssémé!*

A la maison

Comprendre

Venga a cenar (dormir) a casa	**venn**ga a θé**nar** (dor**mir**) a **kassa**	Venez dîner (dormir) à la maison
.con su esposa	.**kone** sou es**possa**	.avec votre femme
.con su amigo(a)	.**kone** sou a**migo**(a)	.avec votre ami(e)
.con su hijos	.**kone** sous i**Ros**	.avec vos enfants
Es una casa	**ésse** ouna **kassa**	C'est une maison
Es un piso	**ésse** oune **pisso**	C'est un appartement
Le voy a enseñar	lé **voï** a ennssé**gnar**	Je vais vous faire visiter
Aquí está...	a**ki** esta...	Voici...
.la planta baja	.la **plann**ta ba**Ra**	.le rez-de-chaussée
.la escalera	.la eska**léra**	.l'escalier
.el primer piso	.el **primère pisso**	.le premier étage
.el desván	.el des**vane**	.les combles
.el sótano	.el **sotano**	.la cave
.el comedor	.el komé**dor**	.la salle à manger
.la cocina	.la ko**θina**	.la cuisine
.el cuarto de baño	.el **kouarto** dé **bagno**	.la salle de bain
.el pasillo	.el pas**silyo**	.le couloir
Está servida la comida	esta servida la komida	Le repas est servi
¿Tiene hambre?	ti**éné amm**bré?	Avez-vous faim?
Sírvase	**sir**vassé	Servez-vous
Pongase un poquito mas	**pon**gassé oune pokito mas	Prenez-en encore
¿Come usted pescado?	**komé** ous**téd** peskado?	Mangez-vous (du poisson)?
¿Toma usted (cerveza)?	toma ous**téd** (θer**véθa**)?	Buvez-vous (de la bière)?
Le doy otra...	lé **doï** otra...	Je vous donne une autre...
.taza	.ta**θa**	.tasse
.otro plato	.otro **plato**	.une autre assiette
.otra cuchara	.otra **koutchara**	.une autre cuillère
.otro tenedor	.otro téné**dor**	.une autre fourchette
.otro cuchillo	.otro **koutchilyo**	.un autre couteau
.otro vaso	.otro **vasso**	.un autre verre

J'ai assez faim	Tengo bastante hambre	*tenngo bastannté ammbré*
Je meurs de faim	Me muero de hambre	*mé mouéro dé ammbré*
C'est délicieux	Es exquisito	*ésse ekskssito*
Volontiers	Con mucho gusto	*kone moutcho gousto*
Non merci	No gracias	*no graθias*
Vous cuisinez très bien	Usted cocina muy bien	*oustéd koθina moui biène*
Je suis fatigué(e)	Estoy cansado(a)	*estoï kannssado (a)*
Je vais me coucher	Me voy a acostar	*mé voï a akostar*
Puis-je prendre une douche (un bain)?	¿Puedo tomar una ducha (un baño)?	*pouédo tomar ouna doutcha (oune bagno)?*
Ce sera parfait	Estará perfecto	*estara perfekto*
Merci encore	Muchas gracias	*moutchas graθias*
C'était merveilleux	Era maravilloso	*éra maravilyosso*

Comprendre

Siéntese en...	*sienntéssé éne...*	Asseyez-vous sur...
.el sofá	*.el sofa*	.le canapé
.esta silla	*.esta silya*	.cette chaise
.este sillón	*.esté silyone*	.ce fauteuil
¿Toma leche...	*toma létché...*	Prenez-vous du lait...
.azúcar	*.aθoukar*	.du sucre
.con el café?	*kone el kafé?*	.avec votre café?
Aquí está su habitación	*aki esta sou abitaθione*	Voici votre chambre
Está hecha la cama	*esta étcha la kama*	Le lit est fait
Corra usted las cortinas	*korra oustéd las kortinas*	Tirez les rideaux
Está abierta (cerrada) la ventana	*esta abierta (θérrada) la venntana*	La fenêtre est ouverte (fermée)
Cierre la puerta (con llave)	*θiérré la pouerta (kone lyavé)*	Fermez la porte (à clef)
Buenas noches	*bouénas notchés*	Bonne nuit
Hasta mañana	*asta magnana*	A demain
¿Con qué suele desayunar?	*kone ké souélé déssayounar?*	Que prenez-vous au petit déjeuner?
.té o café?	*té o kafé?*	.du thé ou du café?

Installations électriques

Où y a-t-il une boutique d'électricité?	¿Dónde hay un electricista?	**donn**dé aï oune électri**θ**ista?
Avez-vous...?	¿Tiene usted...?	**tié**né oust**éd**?
Je voudrais...	Quisiera...	kissi**é**ra...
.un adaptateur de prise (mâle/femelle)	.un adaptador para enchufe (macho/hembra)	.oune adapta**dor para** enntchou**fé** (**mat**cho/**emm**bra)
.une prise multiple	.enchufe múltiple	.ennt**chou**fé **moul**tiplé
.des fusibles	.fusibles	.fous**si**blés
.une (des) pile(s)	.una(s) pila(s)	.**ou**na(s) **pi**la(s)
.pour cet appareil	.para este aparato	.**para** est**é** apara**to**
Quel est le voltage ici?	¿Cúal es el voltaje aquí?	**koual és**se el volta**Ré aki**?
Puis-je brancher ici...	¿Puedo enchufar aquí...	**poué**do enntchou**far aki**...
.mon rasoir électrique?	.mi afeitadora eléctrica?	.mi afeita**dora** élek**tri**ka?
.mon sèche-cheveux?	.mi secador de pelo?	.mi séka**dor** dé **pé**lo?
.mon fer à repasser?	.mi plancha?	.mi **plannt**cha?
.mon appareil de radio?	.mi radio?	.mi **ra**dio?
.mon lecteur de cassettes?	.mi magnetófono «cassette»?	.mi magh**né**tofono «**kassette**»?
.ma télé portative?	.mi televisor portátil?	.mi télé**vissor por**tatil?
.cet appareil?	.este aparato?	.est**é** apara**to**?
Quand je le branche...	Cuando lo conecto...	**kouann**do lo ko**nek**to...
.les plombs (de la maison) sautent	.los fusibles (de la casa) se funden	.los fous**si**blés (dé la **kassa**) sé **founn**dène
.les fusibles (de l'appareil) fondent	.los fusibles (del aparato) se funden	.los fous**si**blés (del apara**to**) sé **founn**dène

Comprendre

Enchúfelo	ennt**chou**félo	Branchez-le
Póngalo en marcha	**ponn**galo ène **mart**cha	Mettez-le en marche
Párelo	pa**ré**lo	Arrêtez-le
Marcha/parada	**mart**cha/pa**rada**	Marche/arrêt

Jouer à des jeux d'intérieur

Jouez-vous...	¿Juega usted...	*Rouéga oustéd*
Voulez-vous jouer...	¿Quiere usted jugar...	*kiéré oustéd Rougar*
.aux échecs?	.al ajedrez?	*.al aRédreθ?*
.aux dames?	.a las damas?	*.a las damas?*
.au loto?	.a la lotería?	*.a la lotériya?*
.aux cartes?	.a los naipes?	*.a los naïpés?*
Jouons aux échecs	Juguemos al ajedrez	*Rouguémos al aRédreθ*
Avez-vous un échiquier?	¿Tiene usted un tablero?	*tiéné oustéd oune tabléro?*
Le roi, la reine	El rey, la reina	*el réï, la réina*
Le fou, la tour	El alfil, la torre	*el alfil, la torré*
Le cavalier, le pion	El caballo, el peón	*el kabalyo, el péone*
Je roque, je prends	Enroco, tomo	*ennroko, tomo*
Je vais à dame	Voy a dama	*voï a dama*
Echec au roi	Jaque al rey	*Raké al reï*
Echec et mat	Jaque mate	*Raké maté*
C'est pat	Ahogado	*aogado*
C'est à moi de jouer	A mí me toca jugar	*a mi mé toka Rougar*
Avez-vous un jeu de cartes?	¿Tiene usted una baraja?	*tiéné oustéd ouna baraRa?*
Le roi, la reine	El rey, la reina	*el réï, la réïna*
Le valet, l'as	El valet, el as	*el valé, el asse*
Cœur, carreau	Corazón, diamante	*korasson, diamannté*
Pique, trèfle	Picos, trébol	*pikos, trébol*
C'est à moi de...	A mi me toca...	*a mi mé toka...*
.couper	.cortar	*.kortar*
.battre les cartes	.barajar los naipes	*.baraRar los naipés*
.distribuer	.repartir	*répartir*
Voulez-vous faire une partie de... canasta?	¿Quiere usted jugar una partida de... canasta?	*kiéré oustéd Rougar ouna partida dé... kanasta?*
.poker, bridge?	.poker, bridge?	*.pokère, bridgé?*
Le mort	El muerto	*el mouerto*
Fournir, se défausser	Servir, descartarse	*servir, deskartarssé*
Contrer, surcontrer	Doblar, redoblar	*doblar, rédoblar*
Grand, petit chelem	Gran capote, pequeño capote	*graan kapoté pékégno kapoté*
A vous de parler	A usted le toca hablar	*a oustéd lé toka ablar*
Une levée	Una baza	*ouna baθa*
Chuter d'une levée	Caer de una baza	*kaer dé ouna baθa*

Sports

Quand y a-t-il un match de...	¿Cúando hay un partido de...	*kouan*ndo *aï oune partido dé...*
.football?	.fútbol?	*.foutbol?*
.rugby?	.rugby?	*.rougby?*
.tennis?	.tenis?	*.ténis?*
.pelote basque?	.pelota vasca?	*.pélota vasska?*
Quand y a-t-il un combat de boxe?	¿Cúando hay un combate de boxeo?	*kuan*ndo *aï oune* kommbaté *dé* bokséo?
Qui sont les joueurs?	¿Quiénes son los jugadores?	*kié*nés *sone los Rougadorés?*
Qui est le tenant du titre?	¿Quién es el poseedor del título?	*kié*ne *ésse el* posséé*dor del* titoulo?
Où se trouve...	¿Dónde está...	*donn*dé *esta...*
.le terrain?	.el terreno?	*.el térréno?*
.le stade?	.el estadio?	*.el estadio?*
.le court?	.la pista de tenis?	*.la pista dé ténis?*
.la salle?	.la sala?	*.la sala?*
Où puis-je acheter un (deux) billet(s)?	¿Dónde puedo comprar un (dos) billete(s)?	*donn*dé *pouédo* komm*prare oune (dosse)* bilyété(s)?
Où y a-t-il un bookmaker?	¿Dónde hay un corredor de apuestas?	*donn*dé *aï oune* korré*dor dé apouestas?*
Est-il possible de parier?	¿Se puede apostar?	*sé* pouédé *apostar?*
J'aimerais miser 1000 pesetas sur...	Quisiera apostar 1000 pesetas a...	*kissié*ra *apostar mil* pessétas *a...*
Quelle est la cote?	¿Cúal es la cotización?	*koual ésse la* kotiθaθione?
J'aimerais jouer...	Quisiera jugar...	*kissié*ra *Rougar...*
Voulez-vous jouer avec moi?	¿Quiere usted jugar commigo?	*kié*ré *oustéd Rougar* konnmigo?
.au tennis?	.al tenis?	*.al ténis?*
.au golf?	.al golf?	*.al golf*
Où y a-t-il...	¿Dónde hay...	*donn*dé *aï...*
.un club?	.un club?	*.oune* klou*be?*
.un terrain de golf?	.un campo de golf?	*.oune* kamm*po dé golf?*
Je voudrais louer une (des)...	Quisiera alquilar una (unas)...	*kissié*ra *alkilar ouna (ounas)...*
Est-il possible de louer une (des)...?	¿Se puede alquilar una (unas)...?	*sé* pouédé *alkilar ouna (ounas)...?*
.raquette?	.raqueta?	*.rakéta?*
.un club?	.un palo?	*.oune palo?*

Congrès

Français	Español	Prononciation
Où se trouve la salle de...	¿Dónde está la sala de...	*donn*dé esta la *sala* dé...
.réunion?	.reunión?	.*réou*nione?
.projection?	.proyeccion?	.proyekθione?
.banquet?	.banquetes?	.bann*kétés?*
J'ai besoin...	Necesito...	néθéssito...
.d'un bureau	.un despacho	.oune des*pat*cho
.d'un téléphone	.un teléfono	.oune té*léfono*
.d'un télex	.un telex	.oune té*lekse*
.d'une machine à écrire	.una máquina de escribir	.ouna *mákina dé eskribir*
.d'une secrétaire parlant français	.una secretaria que hable francés	.ouna sékrétaria ké ablé frannθés
.d'un interprète	.un intérprete	.oune inn*terprété*
.d'une sténo-dactylo	.una taquimecanógrafa	.ouna takiméka*nografa*
Je voudrais vous dicter une lettre	Quisiera dictarle una carta	kissiéra diktarlé ouna karta
Pouvez-vous...	¿Puede usted...	*pouédé* oustéd...
.la traduire?	.traducirla?	.tradouθirla?
.la taper?	.escribirla a máquina?	.eskribirla a makina?
.la relire?	.volver a leerla?	.volver a léérla?
.l'envoyer?	.mandarla?	.mann*darla?*
.envoyer un télex à...?	.mandar un telex a...?	.mann*dar oune télekse a...?*
Voici le texte	Aquí tiene el texto	aki tiéné el *teksto*
Voici l'adresse	Aquí tiene las señas	aki tiéné las *ségnas*
Appelez svp...	Llame por favor...	lyamé por *favor*...
.mon bureau	.a mi oficina	.a mi ofiθina
.mon domicile	.a mi domicilio	.a mi domiθilio
.M.Pérez	.al Sr Pérez	.al *ségnor péréθ*
.le responsable financier (juridique, commercial) des importations (exportations)	.al responsable financiero (jurídico, comercial) de las importaciones (exportaciones)	.al respon*ssablé* finannθié*ro* (Rouridiko, comerθi*al*) dé las immportaθio*nés* (eksportaθio*nés*)
Voici le numéro	Aquí está el número	aki esta el *nouméro*
Passez-le moi	Póngame con él	*ponn*gamé kone *el*

99

A la campagne

Français	Español	Prononciation
Asseyons-nous...	Sentémonos...	*sentémonos...*
.sur l'herbe	.en la hierba	*.ène la **ierba***
.sous l'arbre	.bajo el árbol	*.**ba**Ro el **arbol***
.devant la maison	.delante de la casa	*.délannté dé la **kassa***
.dans le jardin	.en el jardín	*.ène el **Rar**dine*
.au soleil	.al sol	*.al **sol***
.à l'ombre	.a la sombra	*.a la **sommbra***
Pique-niquons!	¡Comamos en el campo!	*komamos ène el **kammpo!***
Voici...	Aqui tiene...	*aki tiéné...*
.le panier	.la cesta	*.la θ**esta***
.la nourriture	.la comida	*.la ko**mida***
.la nappe	.el mantel	*.el mann**tel***
.les couverts	.los cubiertos	*.los kou**biertos***
Allons nous promener...	Vamos a dar un paseo...	*vamos a **dar** oune passéo...*
.à bicyclette	.en bicicleta	*.ène biθi**kléta***
.à cheval	.a caballo	*.a ka**ba**lyo*
.le long de la rivière	.a orillas del río	*.a orilyas del **riyo***
.dans la forêt	.en el bosque	*.ène el **bos**ké*
Il faut traverser (suivre)	Hay que cruzar (seguir)	*aï ké krouθar (**séguire**)*
.la route	.la carretera	*.la karré**téra***
.le chemin	.el camino	*.el ka**mino***
.la voie ferrée	.las vías del ferrocarril	*.las **víass** del férroka**rril***
.le champ, le pré	.el campo, el prado	*.el **kammpo**, el **prado***
.la rivière	.el río	*.el **riyo***
.le ruisseau	.el riachuelo	*.el riat**chouélo***
.le lac, le pont	.el lago, el puente	*.el **lago**, el **pouennté***
.la vallée	.el valle	*.el va**lyé***
.la forêt	.el bosque	*.el **bos**ké*
Regardez...	Mire...	*miré...*
.la colline	.la colina	*.la ko**lina***
.la montagne	.la sierra	*.la **sié**rra*
.la source	.la fuente	*.la **fouenn**té*
.l'église	.la iglesia	*.la ig**léssia***
Est-il possible de...	¿Se puede...	*sé **poué**dé...*
.pêcher?	.pescar?	*.pes**kar**?*
.se baigner?	.bañar?	*.bag**nar**?*
.chasser?	.cazar?	*.kaθ**ar**?*
.monter à cheval?	.montar a caballo?	*.monn**tar** a ka**ba**lyo?*

Chasser

Français	La caza	
Y a-t-il du gibier?	¿Hay caza?	*ai **ka**θa?*
On trouve des...	Hay...	*ai...*
.lapins	.conejos	*.koné**R**os*
.lièvres	.liebres	*.**lié**brés*
.chevreuils	.corzos	*.**kor**θos*
.sangliers	.jabalíes	*.Rabaliés*
.faisans	.faisanes	*.**faï**ssanés*
Je n'ai pas de fusil	(No) tengo escopeta	*(no) **tenn**go eskopéta*
Faut-il un permis?	¿Es preciso tener una licencia de caza?	*éss pré**θ**isso té**ner** **ou**na liθenn**θ**ia dé **ka**θa?*
Où dois-je le demander?	¿Dónde tengo que pedirla?	***donn**dé **tenn**go ké pédirla?*

Equitation

Français	La equitación	
Savez-vous monter à cheval?	¿Sabe usted montar a caballo?	*sabé ous**téd** monn**tar** a ka**ba**lyo?*
Etrillez le cheval	Almóhaze el caballo	*almoa**θ**é él ka**ba**lyo*
Sellez le cheval	Ensille el caballo	*ennssilyé el ka**ba**lyo*
Tenez les rênes	Coja las riendas	*ko**R**a las **rienn**das*
.plus serrées	.más cortas	*.**masse kort**ass*
.plus lâches	.más flojas	*.**masse** flo**R**as*
Gardez le pied à l'étrier	Mantenga el pie en el estribo	*mann**tenn**ga el **pié** ène el **estribo***
Baissez le talon	Baje el talón	*ba**R**é el ta**lone***
Allons au pas	Andemos al paso	*ann**dé**mos al **passo***
.au trot	.al trote	*.al **troté***
.au petit galop	.al galope corto	*.al galopé **korto***
.au grand galop	.a galope tendido	*.a galopé tenn**dido***
J'ai (je n'ai pas) peur	(No) tengo miedo	*(no) **tenn**go **mié**do*
Avez-vous peur?	¿Tiene usted miedo?	***tié**né ous**téd mié**do?*
Le cheval a peur	El caballo tiene miedo	*el ka**ba**lyo **tié**né **mié**do*
Attention aux voitures	Cuidado con los coches	*koui**da**do kone los kot**chés***
Rentrons à la maison	Volvamos a casa	*vol**va**mos a **kassa***

Comprendre

Se probibe entrar	*sé proïbé enntrar*	Défense d'entrer
Se prohibe cazar	*sé proïbé kaθar*	Défense de chasser
Se prohibe pescar	*sé proïbé peskar*	Défense de pêcher
Prohibido bañarse	*proïbido bagnarssé*	Défense de se baigner

Au bord de l'eau

Rivière – lac

El río – El lago

Peut-on se baigner...	¿Se puede bañar...	*se pouédé bagnar...*
.dans la rivière?	.en el río?	*.ène el riyo?*
.dans le lac?	.en el lago?	*.ène el lago?*
.ici?	.aquí?	*.aki?*
C'est...	¿Es...	*ésse...*
.dangereux?	.peligroso?	*.péligrosso?*
Il n'y a pas de danger	No hay ningún peligro	*no aï ninngoune péligro*
Il y a des...	Hay...	*aï...*
Il n'y a pas de...	No hay...	*no aï...*
.trous d'eau	.hoyos	*.oyos*
.tourbillons	.remolinos	*.rémolinos*
Il y a peu (beaucoup) de courant	Hay poca (mucha) corriente	*aï poka (moutcha) korriennté*
Restez au bord	Quédese en la orilla	*kédéssé ène la orilya*
Peut-on faire du...	¿Se puede...	*sé pouédé...*
.louer un(e)...	.alquilar...	*.alkilar...*
.kayac?	.un kayac?	*.oune kayak?*
.canoé?	.una canoa?	*.ouna kanoa?*
.barque à rame?	.un bote de remos?	*.oune boté dé rémos?*
Vous louez le bateau ici?	¿Usted alquila el barco aquí?	*oustéd alkila el barko aki?*
Voici...	Aquí tiene...	*aki tiéné...*
.un gilet de sauvetage	.un chaleco salvavidas	*.oune tchaléko salvavidas*
.un casque	.un casco	*.oune kasko*
.une pagaie	.una pagaya	*.ouna pagaya*
Attention...	Cuidado con...	*kouidado kone...*
.aux rapides	.los rápidos	*.los rapidos*
.à la chute d'eau	.el salto de agua	*.el salto dé agoua*
.au barrage	.el embalse	*.el emmbalssé*

Pêcher

Français	La pesca	Phonétique
La pêche est-elle autorisée?	¿Se puede pescar?	*sé **pouédé** peskar?*
Peut-on louer du matériel?	¿Se puede alquilar avíos de pesca?	*sé **pouédé** alkilar aviyos dé **pesk**a?*
La canne	La caña de pescar	*la **ka**gna dé pes**kar***
Le moulinet	El carrete	*el karr**été***
L'hameçon	El anzuelo	*el annθou**é**lo*
La ligne	El sedal	*el **sé**dal*
L'appât	El cebo	*el θ**é**bo*
Pouvez-vous m'indiquer un bon endroit?	¿Puede usted indicarme un buen sitio?	*pu**é**dé oust**éd** inndi**kar**mé oune **bouène** sitio?*
Quels poissons attrape-t-on?	¿Qué tipo de peces se pesca?	*ké **ti**po dé pé**θ**és se **pesk**a?*
Un brochet	Un lucio	*oune lou**θ**io*
Une carpe	Una carpa	*ouna **kar**pa*
Un gougeon	Un gobio	*oune **gob**io*
Un saumon	Un salmón	*oune sal**mone***
Une tanche	Una tenca	*ouna **tenn**ka*
Une truite	Una trucha	*ouna **trout**cha*

Piscine

Français	La piscina	Phonétique
Où y a-t-il une piscine?	¿Dónde hay una piscina?	***donn**dé aï **ouna** pis**θ**ina?*
Combien coûte...	¿Cúanto cuesta...	***kouann**to **koues**ta...*
.l'entrée?	.la entrada?	*.la enn**trada**?*
.l'abonnement?	.el abono?	*.el **abono**?*
Y a-t-il un maître-nageur?	¿Hay un bañero?	*aï oune bag**né**ro?*
Peut-on laisser les enfants seuls?	¿Se puede dejar a los niños solos?	*sé **pouédé** dé**Rar** a los **nig**nos **solos**?*
Je n'ai pas de...	No tengo...	*no **tenn**go...*
Puis-je louer un...	Puedo alquilar un...	***pou**édo alki**lar** oune...*
.maillot de bain?	.traje de baño?	*tra**Ré** dé **bagno**?*
Savez-vous...	¿Sabe usted...	*sabé oust**éd**...*
.nager?	.nadar?	*.**nadar**?*
.plonger?	.zambullirse?	*.θammbouly**ir**ssé?*
Le grand bain	Piscina para adultos	*pis**θ**ina **para** a**doul**tos*
Le petit bain	Piscina para niños	*pis**θ**ina **para** **nig**nos*
J'ai (je n'ai pas) pied	Hago (no hago) pie	*ago (no ago) **pié***
Le plongeoir	El trampolín	*el tramm**poline***

Comprendre

Guardarropa caballeros	Vestiaire hommes
Guardarropa damas	Vestiaires dames
Se prohibe correr	Défense de courir

103

Au bord de la mer

Où y a-t-il une plage...	¿Dónde hay una playa...	*donn*dé aï *ouna* *pla*ya...
.de sable?	.de arena?	.dé *aré*na?
.de galets?	.de guijarros?	.dé gui*Ra*rros?
.tranquille?	.tranquila?	.*trann*kila
Est-ce...	¿Es...	*ésse*...
.dangereux?	.peligroso?	.*péli*grosso?
.sans danger?	.no es peligroso?	.*no* ésse *péli*grossso?
.de se baigner ici?	.bañarse aquí?	.bagnarssé aki?
.au pied de la falaise?	.al pie del acantilado?	.al *pié* del akanntila*do*?
Est-ce que la marée monte?	¿Sube la marea?	*soubé* la maréa?
Est-ce que la marée descend?	¿Baja la marea?	*baRa* la maréa?
La mer est...	El mar está...	el *mar* esta...
.calme	.tranquilo	.*trann*kilo
.agitée	.agitado	.a*Ri*tado
.forte	.movido	.movido
Il y a...	¿Hay...	aï...
.des vagues?	.olas?	.*olas*?
.des rouleaux?	.oleaje?	.oléa*Ré*?
.du courant?	.corriente?	.*korrien*nté?
.du vent?	.viento?	.*vienn*to?
Peut-on louer...?	¿Se puede alquilar...?	sé *poué*dé alkilar...?
Où peut-on louer...?	¿Dónde se puede alquilar...?	*donn*dé sé *poué*dé alkilar...?
.un matelas	.una colchoneta	.*ouna* koltcho*ne*ta
.un parasol	.un quitasol	.*oune* kitas*sol*
.une chaise longue	.une tumbona	.*ouna* toumm*bo*na
.une cabine	.una cabina	.*ouna* ka*bi*na
.un pédalo	.un pedaló	.*oun* péda*lo*
.un bateau à voile	.un velero	.*oune* vélé*ro*
.une planche à voile	.una tabla de vela	.*ouna* *tabla* dé *vé*la
Il y a trop de (pas assez de) vent	Hay demasiado (no hay bastante) viento	aï démassiado (no aï bastannté) *vienn*to
La mer est trop forte	El mar está demasiado movido	el *mar* esta démassiado movido
J'aimerais faire une promenade en mer	Quisiera dar un paseo en barco	kissiéra *dar* oune passéo ène *barko*
Allons au port	Vamos al puerto	*vam*os al *pouer*to

A la montagne et aux sports d'hiver

Quelle est la meilleure station de sports d'hiver?	¿Cuál es la mejor estación de deportes de invierno?	*koual* **ésse** la **méRor** esta**θione** dé **déportés** dé **innvierno**
Quelle est l'altitude?	¿Qué altitud tiene?	*ké* **altitoud** tiéné?
Les pistes sont-elles...	¿Son las pistas...	*sone* las **pistas**...
.faciles?	.fáciles?	.fa**θ**ilés?
.difficiles?	.difíciles?	.difi**θ**ilés?
Y a-t-il un remonte-pente?	¿Hay un telesquí?	*aï* oune té**léski**?
Peut-on faire du ski hors piste?	¿Se puede esquiar fuera de la pista?	*sé* **pouédé** es**kiar** **fouéra** dé la **pista**?
Peut-on faire du ski de fond?	¿Se puede hacer esquí de fondo?	*sé* **pouédé** a**θ**er es**ki** dé **fonn**do?
Y a-t-il (il y a)...	¿Hay...	*aï*...
.de la neige?	.nieve?	.**ni**évé?
.un risque d'avalanche?	.algún riesgo de avalancha?	.**algoune** **riesgo** dé **avalanntcha**?
Combien coûte un forfait...	¿Cúanto cuesta un forfait...	**kouann**to **koues**ta oune for**faïte**...
.d'un jour?	.de un día?	.de oune **diya**?
.d'une semaine?	.de una semana?	.de **ouna** sé**mana**?
Savez-vous skier?	¿Sabe usted esquiar?	*sabé* oust**éd** es**kiar**?
Savez-vous patiner?	¿Sabe usted patinar?	*sabé* oust**éd** pati**nar**?
Un peu, très bien	Un poco, muy bien	*oune* **poko**, **moui biène**
Je voudrais louer...	Quisiera alquilar...	*kiss**iéra** alki**lar**...
Peut-on louer...	¿Se puede alquilar...	*sé* **pouéd**é alki**lar**...
.des skis (patins)?	.esquíes (patines de cuchilla)?	.es**kiés** (pati**nés** dé kout**chi**lya)?
.des chaussures	.zapatos?	.**θ**a**patos**?
Je voudrais prendre une (des) leçon(s)...	Quisiera tomar una (unas) clase(s)...	*kiss**iéra** tom**mar ouna** (**ounas**) **klassé**(s)...
.en groupe	.en grupo	.**ène groupo**
.en particulier(s)	.particular(es)	.parti**koular**(és)
Y a-t-il une...	¿Hay un(a)...	*aï* oune (**ouna**)...
Où est la...	¿Dónde está...	**donn**dé esta...
.patinoire?	.el patinadero?	.el patina**déro**?
.piscine chauffée?	.la piscina calentada?	.la pis**θ**ina kalenn**tada**?
.la boîte de nuit?	.la discoteca?	.la disko**téka**?

Enseignement

J'ai fait mes études secondaires avec une bourse	Era becario del secundario	*éra békario del sékounndario*
Je vais à l'université avec une bourse	Soy becario de la universidad	*soï békario dé la ouniversidad*

Comprendre

Mis hijos están en un colegio privado	*mis iRos estane ène oune koléRio privado*	Mes enfants vont à l'école privée
Mi hija está en la escuela de párvulos	*mi iRa esta ène la eskouéla dé parvoulos*	Ma fille est à la maternelle
Mi hijo está en el secundario	*mi iRo esta ène el sékounndario*	Mon fils est dans une école secondaire
Estudia en Alcalá	*estoudia ène alkala*	Il va à Alcalá
Está interno	*essta innterno*	Il est pensionnaire
Lleva el uniforme del colegio	*lyéva el ouniformé del koléRio*	Il porte l'uniforme de l'école
De niño...	*dé nigno...*	Quand j'étais petit...
.era alumno de una escuela pública	*.éra aloummno dé oune eskouéla poublika*	.j'allais à l'école publique
Primero fui a la guardería	*priméro foui a la gouardériya*	D'abord à la crèche
Luego a la escuela de párvulos	*louégo a la eskouéla dé parvoulos*	Ensuite à la maternelle
Luego a la escuela primaria	*louégo a la eskouéla primaria*	Puis à l'école primaire
Y por fin al instituto y a la universidad	*i por fine al innstitouto i a la ouniversidad*	Enfin au lycée et à l'université

Il existe des *cursos de verano* (cours d'été) pour étrangers dans la plupart des universités espagnoles. Vous pouvez vous adresser à Madrid à la Universidad Complutense de Madrid ou dans d'autres universités telles que Salamanque, Grenade, Barcelone, Séville, Soria...

Vous pouvez loger dans les *Colegios mayores* (résidences universitaires) ou chez l'habitant.

Vous trouverez le meilleur accent espagnol à Valladolid, Salamanque et Madrid.

Souvenirs

J'aimerais acheter...	Quisiera comprar...	*kissiéra kommprar...*
Je voudrais ramener...	Quisiera traer...	*kissiéra traer...*
.un souvenir	.un recuerdo	*.oune rékouerdo*
.un cadeau typique	.un regalo típico	*.oune régalo tipiko*
Où y a-t-il une boutique...	¿Dónde hay una tienda...	*donndé aï ouna tiennda...*
.de souvenirs?	.de recuerdos?	*.dé rékouerdos?*
.d'artisanat local?	.de artesanía local?	*.dé artésaniya lokal?*
.de cadeaux?	.de regalos?	*.dé régalos?*
Je voudrais...	Quisiera...	*kissiéra...*
Montrez-moi...	Esñéñeme...	*ennsségnémé...*
.un objet typique	.algo típico	*.algo tipico*
.un cendrier...	.un cenicero...	*.oune θéniθéro...*
.un écusson...	.un escudo...	*.oune eskoudo...*
.avec les armes de la ville	.con el escudo de la ciudad	*.kone el eskoudo dé la θioudad*
.un monument en miniature	.un monumento en miniatura	*.oune monoumento ène miniatoura*
.une poupée en costume traditionnel	.una muñeca con el traje tradicional	*.ouna mougnéka kone el traRé tradiθional*
.un soldat miniature	.un soldado en miniatura	*.oune soldado ène miniatoura*
.des cartes postales	.tarjetas postales	*.tarRétas postalès*
.des diapositives	.diapositivas	*.diapossitivas*
.un album de photos	.un album de fotos	*.oune alboume dé fotos*
.des timbres de collection	.sellos de colección	*.séllyos dé kolékθione*
Je cherche...	Estoy buscando...	*estoï bouskanndo...*
.une spécialité culinaire locale	.una receta culinaria local	*.ouna réθéta koulinaria lokal*
.des vêtements à la mode	.ropa de moda	*.ropa dé moda*
.des pulls	.jerseys	*.Rersseïs*
Je me souviendrais de vous	Me acordaré de usted	*mé akordaré dé oustéd*
Je le garderai en souvenir	Lo guardaré como recuerdo	*lo gouardaré como rékouerdo*

Phrases usuelles

Français	Español	Prononciation
Oui, non	Sí, no	si, no
S'il vous plaît	Por favor	por favor
Merci	Gracias	graθias
Parlez-vous français?	¿Habla usted francés?	abla oustéd frannθés?
Je ne comprends pas	No entiendo	no ennttienndo
Je ne parle pas espagnol	No hablo español	no ablo espagnol
Je parle un peu espagnol	Hablo un poco español	ablo oune poko espagnol
Pouvez-vous répéter lentement?	¿Puede usted repetir más despacio?	pouédé oustéd répétir masse despaθio?
Pourriez-vous parler lentement svp?	¿Podría usted hablar más despacio, por favor?	podria oustéd ablar masse despaθio, por favor?
Où sont les toilettes?	¿Dónde están los servicios?	donndé estane los serviθios?
Libre/occupé	Libre/ocupado	libré/okoupado
C'est à moi (à nous)	Es mio(a) (nuestro(a))	ésse miyo(a) (nouestro(a))
C'est mon (notre) sac	Esta es mi (nuestra) bolsa	esta ésse mi (nouestra) bolssa
C'est le mien (le nôtre)	Es mio(a) (nuestro(a))	ésse miyo(a) (nouestro(a))
C'est à lui (à eux)	Es suyo	ésse souyo
Ce n'est pas à moi	No es mio(a)	no ésse miyo(a)
Donnez-moi, svp...	Déme, por favor...	démé, pro favor...
Apportez-moi, svp...	Tráigame, por favor...	traïgamé, por favor...
Je veux...	Quiero...	kiéro...
Je voudrais...	Quisiera...	kissiéra...
Je souhaite...	Deseo...	désséo...
J'en ai assez	Estoy harto(a)	estoï arto(a)
Ça suffit!	¡Basta!	basta!
J'ai faim	Tengo hambre	tenngo ammbré
Je n'ai pas faim	No tengo hambre	no tenngo ammbré
J'ai soif	Tengo sed	tenngo sède
Je n'ai pas soif	No tengo sed	no tenngo sède
Je suis fatigué(e)	Estoy cansado(a)	estoï kannssado(a)
Je suis perdu	Me perdí	mé perdi
J'ai envie d'une glace	Tengo ganas de comer un helado	tenngo ganas dé komer oune élàdo
J'ai envie de me reposer	Necesito descansar	néθéssito deskannssar
Allez	Ir	ir

Je vais, il va	Voy, va	*voï, va*
Tu vas, vous allez	Vas, Váis, Va usted, Van ustedes	*vasse, **vaïsse**, va usted, vane ustédés*
Nous allons, ils vont	Vamos, van	*vamos, vane*
Je suis allé	Fui	*foui*
J'irai	Iré	*iré*
Aller à pied	Ir a pie (caminar)	*ir a **pié** (kaminar)*
Aller en voiture (conduire)	Ir en coche (conducir)	*ir **ène kot**ché (konndouθir)*
Aller en bicyclette	Ir en bicicleta	*ir **ène** biθi**kléta***
Aller à cheval	Ir a caballo	*ir a kabalyo*
Monter	Subir	*soubir*
Descendre	Bajar	*ba**Rar***
Entrer	Entrar	*enntrar*
Sortir	Salir	*salir*
Courrir	Correr	*korrère*
Entrer en courant	Entrar corriendo	*enntrar korienndo*
Voler	Volar	*volar*
S'envoler	Volar	*volar*
Où?	¿Dónde?	*donndé?*
Où se trouve...?	¿Dónde está...?	*donndé esta...?*
Où se trouvent...?	¿Dónde están...?	*donndé estane...?*
Quand?	¿Cúando?	*kouanndo?*
Quant a lieu?	¿Cúando sera?	*kouanndo **séra**?*
Quand ont lieu?	¿Cúando seran?	*kouanndo sérrann?*
Quoi?	¿Qué?	*ké?*
Qu'est-ce que c'est?	¿Qué es?	*ké esse?*
Comment?	¿Cómo?	*komo?*
Comment s'appelle...?	¿Cómo se llama...?	*komo sé **lya**ma...?*
Comment vous appelez-vous?	¿Cómo se llama usted?	*komo sé **lyama** oustéd?*
Comment se fait-il que...?	¿Cómo es que...?	*komo ésse **ké**...?*
Combien?	¿Cúanto?	*kouannto?*
Combien d'argent avez-vous?	¿Cúanto dinero tiene usted?	*kouannto dinéro **tiéne** oustéd?*
Qui?	¿Quíen?	*kiène?*
Qui est-ce?	¿Quíen es?	*kiène ésse?*
Que signifie ceci?	¿Qué significa esto?	*ké signifika esto?*
Lequel/lesquels?	¿Cúal/cúales?	*koual/koualés?*
Pourquoi?	¿Por qué?	*por **ké**?*
Parce que!	¡Porque sí!	*porké **si**!*
Cela est vrai	Esto es cierto	*esto ésse θierto*
Cela est faux	No es verdad	*no ésse ver**dad***
C'est...	Es...	*ésse...*
Est-ce...?	¿Es...?	*ésse...?*
Ce n'est pas...	No está...	*no esta...*
.sur la table	.encima de la mesa	*.ennθima dé la **méssa***

.sous le livre	.debajo del libre	.débaRo del libro
.devant la maison	.delante de la casa	.délannté dé la kassa
.derrière l'église	.detrás de la iglesia	.détrasse dé la igléssia
.à l'intérieur de la boîte	.dentro de la caja	.denntro dé la kaRa
.dans la boîte	.en la caja	.ène la kaRa
.à l'extérieur de la pièce	.fuera del cuarto	.fouéra del kouarto
.en Espagne	.en España	.ène espagna
Je viens de Madrid	Vengo de Madrid	venngo dé madrid
Je vais à Paris	Voy a París	voï a parisse
Je retourne à Tolède	Regreso a Toledo	régrésso a tolédo
Il est resté à Paris	Se quedó en Paris	sé kédo ène parisse
Maintenant	Ahora	aora
Après le dîner	Después de la cena	despoués dé la θéna
Plus tard	Más tarde	masse tardé
Tout à l'heure	Luego	louégo
Bientôt	Pronto	pronnto
Parfois	A veces	a véθés
Souvent	A menudo	a ménoudo
Tout le temps	Siempre	siemmpré
Avant le petit déjeuner	Antes del desayuno	anntés del déssayouno
Avant Jésus-Christ	Antes de Cristo	anntés dé kristo
Après Jésus-Christ	Después de Cristo	despoués dé kristo
Après vous, je vous en prie	Después de usted, por favor	despoués de oustéd, por favor
Je suis venu avec ma femme	Vine con mi esposa	viné kone mi espossa
Je suis partie sans mon mari	Me he ido sin mi esposo	mé é ido sinn mi esposso
Depuis le déjeuner	Desde la comida	desdé la komida
Jusqu'à 20 h	Hasta las ocho de la tarde	asta las otcho dé la tardé
Pendant le voyage	Durante el viaje	dourannté el viaRé
Tout	Todo	todo
Tout le monde	Todo el mundo	todo el mounndo
Chaque	Cada	kada
Chacun(e)	Cada uno(a)	kada ouno(a)
Et, ou	Y, o	i, o
Aujourd'hui	Hoy	oï
Demain	Mañana	magnana
Hier	Ayer	ayère
Lundi, mardi	Lunes, martes	lounés, martés
Mercredi, jeudi	Miércoles, jueves	mierkolés, Rouévés
Vendredi, samedi	Viernes, sábado	viernés, sabado
Dimanche	Domingo	dominngo
Une semaine	Una semana	ouna sémana
Un mois	Un mes	oune mésse

Janvier, février	Enero, febrero	*énéro, fébréro*
Mars, avril	Marzo, abril	*marθo, abril*
Mai, juin	Mayo, junio	*mayo, Rounio*
Juillet, août,	Julio, agosto	*Roulio, agosto*
Septembre, octobre	Septiembre, octubre	*septiembré, oktoubré*
Novembre,	Noviembre,	*noviemmbré,*
décembre	diciembre	*diθiemmbré*
Une année	Un año	*oune agno*
Cette semaine	Esta semana	*esta sémana*
Ce mois-ci	Este mes	*esté mésse*
Cette année	Este año	*esté agno*
La semaine dernière	La semana pasada	*la sémana passada*
Il y a une semaine	Hace una semana	*aθé ouna sémana*
Un, deux, trois	Unos, dos, tres	*ounos, dosse, tresse*
Quatre, cinq, six	Cuatro, cinco, seis	*kouatro, θinnko, séïsse*
Sept, huit, neuf	Siete, ocho, nueve	*siété, otcho, nouévé*
Dix, onze, douze	Diez, once, doce	*dieθ, onnθé, doθé*
Treize, quatorze	Trece, catorce	*tréθé, katorθé*
Quinze, seize	Quince, dieciséis	*kinnθé, diéθsséïsse*
Dix-sept, dix-huit	Diecisiete, dieciocho	*diéθissiété, diéθiotcho*
Dix-neuf, vingt	Diecinueve, veinte	*diéθinouévé, véinnté*
Vingt et un	Veintiuno	*véinntiouno*
Vingt-deux	Veintidos	*véinntidosse*
Trente, quarante	Treinta, cuarenta	*tréinnta, kouarennta*
Cinquante, soixante	Cincuenta, sesenta	*θinnkouennta, séssennta*
Soixante-dix	Setenta	*sétennta*
Quatre-vingts	Ochenta	*otchennta*
Quatre-vingt-dix	Noventa	*novennta*
Cent	Cien	*θiène*
Cent soixante et	Ciento setenta y	*θiennto sétenntai*
onze	uno	*ouno*
Deux cents	Doscientos	*dossθienntos*
Mille	Mil	*mil*
Il est midi	Son las doce	*sone las doθé*
Il est minuit	Es medianoche	*ésse médianotché*
Il est une heure et	Es la una y media	*ésse la ouna i média*
demie		
Il est deux heures	Son las dos y	*sone las dosse*
un quart	cuarto	*i kouarto*
Il est deux heures	Son las dos menos	*sone las dosse ménos*
moins le quart	cuarto	*kouarto*
Une demi-heure	Media hora	*média ora*
Un quart d'heure	Un cuarto de hora	*oune kouarto dé ora*

Pays et nationalités

France, Français	Francias, francés	*frannθia, frannθés*
Belgique, Belge	Bélgica, belga	*belRika, belga*
Suisse, Suisse	Suiza, suizo,	*souiθa, souθo*
Allemagne, Allemand	Alemania, alemán	*alemania, alémane*
Angleterre, Anglais	Inglaterra, inglés	*innglatérra, innglés*
Autriche, Autrichien	Austria, austriaco	*aoustria, aoustriako*
Canada, Canadien	Canadá, canadiense	*kanada, kanadiennssé*
Danemark, Danois	Dinamarca, danés	*dinamarka, danés*
Ecosse, Ecossais	Escocia, escocés	*eskoθia, eskoθés*
Espagne, Espagnol	España, español	*espagna, espagnol*
Etats-Unis	Estados Unidos,	*estados ounidos,*
Américain	norte-americano	*norté-américano*
Pays de Galles,	Gales, galés	*Galés, galés*
Gallois		
Grèce, Grec	Grecia, griego	*gréθia, griégo*
Hollande, Hollandais	Holanda, holandés	*olannda, olanndés*
Irlande, Irlandais	Irlanda, irlandés	*irlannda, irlanndés*
Islande, Islandais	Islandia, islandés	*islanndia, islanndés*
Italie, Italien	Italia, italiano	*italia, italiano*
Norvège, Norvégien	Noruega, noruego	*norouéga, norouégo*
Pologne, Polonais	Polonia, polaco	*polonia, polako*
Portugal, Portugais	Portugal, portugués	*portougal, portougués*
Suède, Suédois	Suecia, sueco	*souéθia, souéko*
Yougoslavie,	Yugoslavia,	*yougoslavia,*
Yougoslave	yugoslavo	*yougoslavo*
Afrique, Africain	Africa, africano	*afrika, afrikano*
Amérique du Sud,	América del Sur,	*amérika del sour,*
Sud-américain	suraméricano	*souramérikano*
Mexique, Mexicain	Méjico, mejicano	*méRiko, méRikano*
Guatémala,	Guatemala,	*gouatémala,*
Guatémaltèque	guatemalteco	*gouatémaltéko*
Brésil, Brésilien	Brasil, brasileño	*brassil, brassilégno*

Eléments de grammaire

L'article

L'article indéfini

Comme en français, il s'accorde en genre et en nombre avec le nom.

Singulier: **un, una**   Pluriel: **unos, unas**
            Un billete   (unos) billetes
            Una carta (lettre)   (unas) cartas

Le pluriel unos, unas a le sens de quelques-uns et est beaucoup moins employés que le **des** français qui ne se traduit généralement pas.

Devant un nom féminin commençant par **a** ou **ha** accentué, on emploie en général l'article masculin.

Un agua fresca (une eau fraîche)
Un hacha pesada (une lourde hache)

L'article défini

Il s'accorde en genre et en nombre avec le nom.

Singulier: Masc.: **El** (le)   **Los** (les)
            Fém.: **La** (la)   **Las** (les)
            Neutre: **Lo** (le)
            El perro (le chien)   Los perros (les chiens)
            La calle (la rue)   Las calles (les rues)

On emploie **el** au lieu de **la** devant tout substantif féminin commençant par **a** ou **ha** accentués.

El agua (l'eau)
El haya (le hêtre)

L'article neutre **lo** s'emploie devant un adjectif, un participe ou un adverbe pris substantivement dans un sens général et abstrait. Il n'a pas de pluriel.

Lo bueno (ce qui est bon)

Il arrive que l'espagnol omette l'article lorsque le français l'emploie.

Está en casa (il est à la maison)
Va a case (il va à la maison)

L'article partitif

Du, de, de la, des ne se traduisent pas.

Pedro come pan, carne y frutas
Pierre mange du pain, de la viande et des fruits

On ne traduit pas non plus le **de** indéfini placé devant un adjectif ou après une négation.

No usa gafas (elle ne porte pas de lunettes)

Le nom

Il y a deux genres: le masculin et le féminin.

Sont masculins les noms terminés par **o** à part quelques rares exceptions comme la mano, la radio, la moto, la foto.

El gato (le chat)

Sont masculins également les noms terminés par **or** sauf: la flor..., par **e, i, u, y**.

El tomate (la tomate)

Sont féminins les noms terminés par **a** sauf: el dia (le jour).

La chica (la fille)

Sont féminins également les noms terminés en **ción, sión, zón** et en **tad** et **dad**.

La nación (la nation) La profesión (la profession) La razón (la raison)
La libertad (la liberté)

Pluriel

Les noms terminés par une voyelle prennent un **s** au pluriel.

| El libro | Los libros |
| La mesa | Las mesas |

Les noms terminés par une consonne prennent **es** au pluriel.

| El pastor | Los pastores |
| El cantor | Los cantores |

Quantité

Beaucoup: adverbe en français, adjectif en espagnol. Il s'accorde en genre et en nombre. Se traduit par **mucho**.

Mucho dinero	Beaucoup d'argent
Mucha gente	Beaucoup de gens
Muchos coches	Beaucoup de voitures

Combien:		Sing.	Plur.
	Mas.:	**Cúanto**	**Cúantos**
	Fém.:	**Cúanta**	**Cúantas**

¿Cúanto dinero tienes? — Combien as-tu d'argent?
¿Cúantas casas tiene Carlos? — Combien de maisons possède Charles?

Un peu de: **un poco de**
Tengo un poco de dinero — J'ai un peu d'argent?

Un petit peu: **un poquito**
Hablo castellano un poquito — Je parle un petit peu espagnol

Peu de: **poco - poca** (adjectif)
    Hay poca gente   Il y a peu de gens
    Tengo pocos libros   J'ai peu de livres

Quelques: **algunos - algunas**
          unos - unas
    Tengo algunos amigos   J'ai quelques amis
    Tiene unos libros de Garcia Lorca Il a des livres de Garcia Lorca

Pas de: **no**
    No tengo coche   Je n'ai pas de voiture
    Ho hay pan   Il n'y a pas de pain

Quelqu'un: **alguien** (forme affirmative)
            nadie (personne) (forme négative)

Quelque chose: **algo**
         nada rien

N'importe qui: **cualquiera** s'apocope en **cualquier** devant un nom masculin.
    Cualquier hombre   N'importe quel homme

Trop de: **demasiado (a)**
        demasiados (as)

Assez de: **bastante (s)**

Traduction de on

On emploie le plus souvent une tournure réfléchie **se + verbe** à la troisième personne (singulier ou pluriel).
Il est utilisé pour présenter des faits habituels:
Aqui se habla francés   Ici on parle français

Le complément français devient le sujet en espagnol et s'il est au pluriel, le verbe se mettra également au pluriel:
Se oyen los gritos de los niños   On entend les cris des enfants

On emploie la troisième personnel du pluriel lorsque **on** signifie **quelqu'un** ou **les gens** ou pour présenter un fait accidentel:
Llaman   On frappe

Uno s'emploie surtout avec les verbes pronominaux pour éviter la répétition de **se**:

Los domingos uno se levanta más tarde	On se lève plus tard le dimanche

Pronoms personnels

P. sujets	P. complément sans préposition Directs Indir.	Complément avec préposition	Complément avec prépos. con
yo: je, moi	me: me	mi: moi	conmigo: avec moi
tú: tu, toi	te: te	ti:toi	contigo: avec toi
él: il, lui ella: elle usted: vous	le, lo: le le:lui	él: lui ella: elle usted: vous	con él, etc.: avec lui...
nosotros (as): nous	nos: nous	nosotros: nous	
vosotros(as): vous	os: vous	vosotros: vous	
ellos: ils, eux ellas: elles ustedes: vous	los: les les: leur las: les	ellos: eux ellas: elles ustedes: vous	
Réfléchis	se: se	sí: soi	consigo: avec soi

Les possessifs

Adjectifs possessifs	Pronoms possessifs
Mi: mon, ma	**Mio(a), (os), (as)**: mien(s), mienne(s)
Tu: ton, ta	**Tuyo (a), (os), (as)**: tien (s), tienne(s)
Su: son, sa, votre	**Suyo (a), (os), (as)**: sien(s), sienne(s)
Nuestro(a): notre **(os), (as)**: nos	**Nuestro (a), (os), (as)**: nôtre, nos, à nous
Vuestro(a): votre **(os), (as)**: vos	**Vuestro(a), (os), (as)**: vôtre, vos, à vous
Su(s): leur(s)	**Suyo (a), (os), (as)**: leur, leurs

Para et Por

PARA exprime

Le but:
Comemos para vivir
Nous mangeons pour vivre

La destination:
El pastel es para Pedro
Le gâteau est pour Pierre

L'usage:
Es un cuchillo para postre
C'est un couteau à dessert

L'aptitude:
Criada para todo
Bonne à tout faire

L'époque de renvoi:
Déjalo para mañana
Laisse cela pour demain

Le point de vue:
Para mi, es un tonto
Pour moi, c'est un imbécile

POR exprime

La cause:
Le castigaron por su pereza
Il a été puni pour sa paresse

Le prix:
Lo compré por 100 pesetas
Je l'ai acheté pour 100 ptas

L'échange:
Dar un gallo por dos gallinas
Donner un coq pour deux poules

Comme:
Dejar por muerto
Laisser comme mort

La durée:
Salí por tres días
Je suis parti pour trois jours

Les sentiments:
Morir por la patria
Mourir pour la patrie

L'opinion:
¿Por quién me tomas?
Pour qui me prends-tu?

Le lieu:
Me paseo por el bosque
Je me promène dans la forêt

Les pronoms relatifs

Les pronoms relatifs espagnols sont: **que, quien, el cual** et **cuyo**.
Le plus employé «**que**» s'emploie pour les personnes et les choses. Il est invariable et peut être sujet ou complément direct ou indirect:

Las personas que viven aquí
Les personnes qui vivent ici

Los datos que me pediste
Les renseignements que tu m'as demandés

Sabes de qué se trata
Tu sais de quoi il s'agit

Le pronom **quien** a deux genres et ne s'emploie que pour les personnes et les choses personnifiées.

Es el primo de la niña con quien jugabas
C'est le cousin de la fillette avec qui je jouais

Quien sujet commence toujours une proposition explicative. Une proposition déterminative doit commencer par **que**:

La señora que se va   La femme qui s'en va

Le pronom **el cual** s'emploie surtout lorsque l'antécédent est attribut ou complément:

El sitio en el cual me encuentro   L'endroit où je me trouve

Le pronom **cuyo**(, a, os, as) signifie **dont**. Il est complément d'un nom et marque l'appartenance. Il s'accorde avec le nom dont il est complément et il le précède immédiatement, sans article:

El niño cuyos padres están en
Barcelona
La casa cuya puerta es roja

L'enfant dont les parents sont à
Barcelone
La maison dont la porte est
rouge

Le verbe

Le verbe être: ser et estar

SER: exprime une caractéristique propre à une personne ou à une chose.
On l'emploie pour:
Définition: Es un libro – C'est un livre
Matière: La pulsera es de oro – Le bracelet est en or
Couleur: El lápiz es verde – Le crayon est vert
Forme: El tintero es redondo – L'encrier est rond
Profession: Mi padre es médico – Mon père est médecin
Origine: Soy de Paris – Je suis de Paris
Destination: Es para mí – C'est pour moi
Nombres: Somos cuatro – Nous sommes quatre

ESTAR: exprime un état à un moment donné.
On l'emploie pour:
Lieu: Estoy en Madrid – Je suis à Madrid
Temps: Estamos en verano - Nous sommes en été
Etat: Estás enfermo– Tu es malade

Présent de l'indicatif

Soy	soï	Je suis	Estoy	estoï
Eres	**érés**	Tu es	Estás	est**as**
Es	**èsse**	Il(elle) est	Está	esta
Somos	somos	Nous sommes	Estamos	estamos
Sois	soïs	Vous êtes	Estáis	est**aïs**
Son	**sone**	Ils(elles) sont	Están	estan**e**

Era	éra	J'étais	Estaba	estaba
Eras	éras	Tu étais	Estabas	estabas
Era	éra	Il était	Estaba	estaba
Èramos	éramos	Nous étions	Estábamos	estabamos
Erais	éraïs	Vous étiez	Estabais	estabaïs
Eran	érane	Ils étaient	Estaban	estabane

Les verbes auxiliaires

Il n'existe que deux auxiliaires proprement dits: **haber** avec lequel on forme les temps composés de tous les verbes et **ser** employé pour la forme passive.

Toutefois les verbes **tener** (avoir, dans le sens de posséder) et **estar** (être, dans le sens de se trouver) sont souvent employés comme auxiliaires.

Présent

HABER			TENER	
He	é	J'ai	Tengo	**tenn**go
Has	**ass**e	Tu as	Tienes	**tié**nés
Ha	a	Il(elle) a	Tiene	**tié**né
Hemos	**é**mos	Nous avons	Tenemos	té**né**mos
Habéis	a**béis**	Vous avez	Tenéis	té**néis**
Han	**an**ne	Ils(elles) ont	Tienen	**tié**nène

Imparfait

HABER			TENER	
Había	ab**iy**a	J'avais	Tenía	té**niy**a
Habías	ab**iy**as	Tu avais	Tenías	té**niy**as
Había	ab**iy**a	Il avait	Tenía	té**niy**a
Habíamos	ab**iy**amos	Nous avions	Teníamos	té**niy**amos
Habíais	ab**iy**aís	Vous aviez	Teníais	té**niy**aís
Habían	ab**iy**ane	Ils avaient	Tenían	té**niy**ane

Les verbes réguliers

Les verbes réguliers espagnols se terminent par **ar**, **er** ou **ir** à l'infinitif. Ces verbes des trois groupes ont des terminaisons différentes:

Présent de l'indicatif

1re Conjug.: verbes en ar: o, as, a, amos, áis, an
2e Conjug.: verbe en er: o, es, e, emos, éis, en
3e Conjug.: verbe en ir: o, es, e, imos, is, en
ex.: Tomer: Tomo, tomas, toma, tomamos, tomáis, toman
   Comer: Como, comes, come, comemos, coméis, comen
   Vivir: Vivo, vives, vive, vivimos, vivís, viven

Impératif présent

1re Conjug.: a, e, emos, ad, en

Ex.: Toma, tome, tomemos, to-
mad, tomen

2e Conjug.: e, a, amos, ed, an

Come, coma, comamos, co-
med, coman

3e Conjug.: e, a, amos, id, an

Vive, viva, vivamos, vivid,
vivan

Imparfait de l'indicatif

1re Conjug.: aba, abas, aba, ábamos, abais, aban
2e et 3e Conj.: ía, ías, ía, íamos, íais, ían
Ex.: Tomaba, tomabas, tomaba, tomábamos, tomabais, tomaban
Comía, comías, comía, comíamos, comíais, comían

Passé simple

1re Conjug.: é, aste, ó, amos, asteis, aron
2e et 3e Conjug.: í, iste, ió, imos, ísteis, ieron
Ex.: Tome, tomaste, tomó, tomamos, tomasteis, tomaron
Viví, viviste, vivió, vivimos, vivisteis, vivieron

Futur

1re – 2e et 3e Conjug.: infinitif + é, ás, á, emos, éis, án
Ex.: Tomaré, tomarás, tomará, tomaremos, tomaréis, tomarán

Les verbes irréguliers

Les verbes à diphtongue (transformation d'une voyelle en deux voyelles):
le **o** en **ue**
le **e** en **ie**

En espagnol, ce phénomène ne peut se produire qu'aux trois premières
personnes du singulier et à la troisième personne du pluriel des présents
de l'indicatif et du subjonctif. Aux autres personnes et aux autres temps,
les verbes à diphtongue sont des verbes réguliers.
Ex.: Contar: Cuento, cuentas, cuenta, contamos, contáis, cuentan
Je compte, tu comptes... etc.
Perder: Pierdo, pierdes, pierde, perdemos, perdéis, pierden
Je perds, tu perds, ...etc.

Les verbes sentir et pedir

Ces deux verbes sont les modèles des verbes terminés en **ir** et qui ont
un **e** en dernière syllabe de radical.
SENTIR: le **e** se transforme en **ie**
Siento, sientes, siente, sentimos, sentís, sienten
PEDIR: le **e** se transforme en **i**
Pido, pides, pide, pedimos, pedís, piden
Les verbes dont le **e** sera suivi de **nt** ou de **r** se conjugueront sur SEN-
TIR.

Tous les autres verbes en **ir** en dernière syllabe de radical se conjuguent sur PEDIR.

Les verbes en acer, ecer, ocer, ucir

Ils intercalent un **z** entre la voyelle de la dernière syllabe du radical et le c à la 1re personne du singulier du présent de l'indicatif et à tout le subjonctif présent:

Obedecer: Obede**z**co, obedeces, obedece... etc.

Obede**z**a, obede**z**cas, obede**z**ca... etc.

Les verbes en uir

Ils intercalent un **y** entre le radical et la terminaison lorsque cette dernière ne commence pas par un i:

Concluir: Conclu**y**o, conclu**y**es mais concluimos

Les verbes irréguliers indépendants

Il en existe 21. Ce sont des verbes très courants qu'il convient donc d'apprendre par cœur. Les verbes **ir** (aller), **ser** (être) et **ver** (voir) en font partie.

Comparatifs et superlatifs

Les comparatifs

Más...que	Plus...que
Menos...que	Moins...que
Tan...como	Aussi...que

Irrégularités: **Mayor** (plus grand), **menor** (plus petit), **mejor** (meilleur), **peor** (pire)

Le comparatif d'égalité qui est **tan** devant un adjectif ou un adverbe devient tanto(a, os, as) devant un nom:

No tengo tantas flores como tú   Je n'ai pas autant de fleurs que toi

Les superlatifs

Les superlatifs absolus se forment avec l'adverbe **muy** (très) ou avec le suffixe **ísimo(a)**:

Muy inteligente: inteligentísimo   Muy difícil: dificilísimo

Les superlatifs relatifs se forment comme en français avec un article défini suivi de **más** ou de **menos**:

La más guapa: la plus jolie   El menos tonto: le moins bête

Le superlatif relatif s'emploie sans article après un nom:

La tienda más cara: la boutique la plus chère

Faux amis et vrais amis

Il existe près de 2.000 mots français se terminant par «tion» qui se traduisent littéralement en espagnol avec la finale en «ción». Il en est de même pour les mots se terminant en «sion» qui se transforment en «sión» en espagnol.

Ex: Mission – misión
   Imagination – imaginación
   Adhésion – adhesión
   Aliénation – alienación
   Passion – pasión

En revanche, il existe des mots dont la ressemblance avec le français risquera de vous induire en erreur. Méfiez-vous de ces «faux amis».

Abrigo: manteau (et non: abricot)
Asomarse: se pencher (et non assommer)
Acostarse: se coucher (et non: accoster)
Admirado: étonné (et non admirable)
Arena: sable (et non: arène)
Caldo: bouillon (et non: chaud)
Carta: lettre (et non: carte)
Apellido: nom de famille (et non: appel)
Casa: maison (et non: case)
Espera: attente (et non: espérance)
Cuadro: tableau (et non: cadre)
Ejército: armée (et non: exercice)
Entender: comprendre (et non: entendre)
Nombre: prénom (et non: nom de famille)
Nudo: nœud (et non: nu)
Mirar: regarder (et non: mirer)
Plato: assiette (et non: plat)
Raro: étrange (et non: rare)
Robo: vol (et non: robot)
Salir: sortir (et non: salir)
Gato: chat (et non: gâteau)
Salud: santé (et non: salut)
Criar: élever (et non: crier)
Constipado: enrhumé (et non: constipé)
Legítimo: véritable (et non: légitime)
Contestar: répondre (et non: contester)

INDEX

Achevé d'imprimer en janvier 1990
sur les presses de Lescaret Imprimeur à Paris.

N° d'édition : 735